Enseñando a Leer

Aprendizaje

Enseñando a Leer

3ª Edición

Neva Milicic Müller, Ph. D.

*Psicóloga-Universidad Católica.
Docente de la Escuela de Psicología y del
Programa de Educación Especial de la
Pontificia Universidad Católica de Chile.
Magister en Educación*

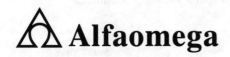 Alfaomega

EDICIONES
UNIVERSIDAD
CATÓLICA
DE CHILE

"Enseñando a Leer"
Neva Milicic Müller

ISBN: 956-14-0166-5, edición original publicada por
© **Ediciones Universidad Católica de Chile**
de la Pontificia Universidad Católica de Chile

3a. edición

Ediciones Universidad Católica de Chile
agradece en nombre suyo y de la autora,
la gentileza de las Editoriales Andres Bello,
Galdoc y Zig-Zag por haber autorizado
en este texto la inclusión de algunas páginas
de sus obras.

© 2000 **ALFAOMEGA GRUPO EDITOR, S. A. de C. V.**
Pitágoras 1139, Col. Del Valle, 03100 México, D.F.

Miembro de la Cámara Nacional de la Industria Editorial Mexicana
Registro No. 2317

Internet: **http://www.alfaomega.com.mx**
Email: **ventas@alfaomega.com.mx**

ISBN 970-15-0609-X

Contenido

Tercera Parte

TÉCNICAS DE ENSEÑANZA DE LECTURA

Para mis hijos
Javier
Jimena
Álvaro
Soledad

Prólogo

*El libro de Neva Milicic, "Enseñando a leer", representa una
innovación a los textos "tradicionales" en el campo de la enseñanza
de la lectura. Lo más importante en él es el uso de la técnica de
aprendizaje programado, para que el instructor (ya sea profesor,
rehabilitador, padre de familia o alumno de curso superior), pueda
seguir, paso a paso, una secuencia graduada de los contenidos
correspondientes al apresto y a la lectura inicial.*

*No menos interesante es la inclusión de contenidos emocionales que se
hacen en el texto, destinados a que el instructor tome conciencia de la
importancia de la relación afectiva en el aprendizaje y de sus efectos
en el aumento de la motivación, en la asociación aprendizaje-agrado,
en los mecanismos atencionales y en la memorización. Esta innovación
es particularmente destacable, porque permite ubicar el aprendizaje
de la lectura en un contexto global de desarrollo emocional.*

*Junto a las cualidades recién mencionadas, es necesario señalar que el
libro de Neva Milicic está basado en un trabajo experimental avalado
por una muestra de 120 niños que fueron sometidos a un programa
de tutoría con personal no especializado pero capacitado con este
texto. Los alumnos que participaron en él obtuvieron un mejor
rendimiento en las pruebas de lectura, que un grupo control con las
mismas características que no asistió al programa.*

El título se presenta estructurado en la siguiente forma:

— Clima afectivo y rendimiento escolar: *Describe los elementos necesarios para lograr una adecuada relación profesor-alumno que permita estimular el potencial de desarrollo emocional y de aprendizaje a través de un estilo de comunicación caracterizado por el respeto, la tolerancia y la retroalimentación positiva.*

— Apresto y lectura: *Fundamenta la necesidad de desarrollar las funciones básicas atingentes a la etapa del apresto para la lectura, como son la percepción, psicomotricidad, lenguaje y pensamiento y expone determinados ejercicios a manera de modelo para desarrollarlos.*

— Técnicas de enseñanza de la lectura inicial: *Finalmente, se describen las técnicas más utilizadas en el aprendizaje de la lectura inicial tales como: vocabulario visual, análisis fónico y estructural y otras.*

En resumen, la modalidad de presentar a través de la enseñanza programada su fácil legibilidad y manejo, la calidad de su fundamentación teórica y la de su material práctico, hacen de "Enseñando a leer", un texto de particular interés para padres, profesores y psicólogos que estén comprometidos en ayudar a los niños en el proceso del aprendizaje de la lectura.

MABEL CONDEMARÍN

Introducción a la 3a edición

Este programa se ha diseñado para formar a profesores y padres de familia en los procesos básicos para enseñar a los niños a leer a nivel inicial, especialmente a aquellos que presentan dificultades en el aprendizaje. El texto se elaboró con la técnica de instrucción programada y las experiencias de actividades que incluye pueden ser aplicadas tanto a nivel individual como colectivo por las personas interesadas.

El libro se basa en el desarrollo de las funciones básicas y el aprendizaje de los fónicos, término con el que se denomina el aprendizaje de la correspondencia entre los símbolos y los fonemas. Los fonemas son los sonidos constitutivos del habla y el conocimiento de esta correspondencia supone el aprendizaje de las consonantes, de las vocales, de los grupos consonánticos y de los diptongos.

La lectura es una de las herramientas básicas para adaptarse a la situación escolar; un fracaso en este aprendizaje genera prematuramente una serie de riesgos para el niño como son actitudes negativas, repetición, deserción escolar y fundamentalmente una asociación de aprendizaje con angustia y con sentimientos de incompetencia en relación a la tarea.

Los enfoques actuales de la lectura plantean la necesidad de establecer un modelo que integre los aportes del modelo holístico y de la enseñanza de los fónicos y es en este contexto que se desarrolla la metodología descrita en este texto.

En la enseñanza de la lectura, un tema que ha tomado especial relevancia, en los noventa, es el aprendizaje del código fonológico y de manera específica la llamada conciencia fonológica, definida como la habilidad para analizar y sintetizar de manera consciente el sistema de sonido de la lengua para reconocer e identificar los sonidos iniciales y finales en las palabras y la capacidad de separar en sílabas las palabras.

Los datos de las investigaciones confirman que la temprana e intensiva enseñanza de los fónicos, favorece la ruptura del código y facilita la toma de conciencia (metacognición) por parte del niño de los elementos constitutivos del lenguaje escrito y de su funcionamiento, dando como resultado un mejor logro en el rendimiento del lector (Condemarín, 1999).

En los seguimientos de preescolares con retardo en el desarrollo del lenguaje del tipo expresivo, se observa que la mayoría de ellos mejora en la etapa escolar. Se ha planteado que los que persisten en sus problemas de lenguaje, y tienen bajo rendimiento en la lectura, o presentan trastornos de aprendizaje son los que desde el período preescolar han mostrado escaso desarrollo de las habilidades de conciencia fonológica (Bradley y Bryant 1983; Cats 1998).

Para la enseñanza de la lectura es útil establecer un equilibrio entre el descubrimiento hecho por los mismos en el aprendizaje, y la enseñanza directa a partir del educador. Esta enseñanza directa tiene un rol de mediador que genera situaciones en las que el niño pueda descubrir con facilidad lo que tiene que aprender.

Los contenidos de este texto están destinados específicamente para ser utilizados en niños de primer año básico, y con diagnósticos de posibles problemas de aprendizaje, pero que tengan una inteligencia normal.

Este libro consta de tres partes: Una primera son normas para el desarrollo de un clima emocional propicio para el aprendizaje, en ella encontrará indicaciones para lograr una relación afectiva apropiada y técnicas para mejorar hábitos de estudio en los niños

En la segunda, "Apresto y Lectura", hay ejercicios que desarrollan las funciones básicas en relación con la lectura como son el lenguaje, el pensamiento, la percepción visual, la orientación espacial, la percepción auditiva, la orientación temporal y la coordinación visomotora. Incluye técnicas para mejorar la postura, la respiración y favorecer en los niños un estado de relajación.

En la tercera, con ejercicios específicos para la enseñanza de la lectura inicial, se describen algunas técnicas para desarrollar: vocabulario visual, análisis fónico y otras para facilitar el aprendizaje de la lectura.

Instrucciones para el uso del texto

El material que se entrega está diseñado con base en la técnica de instrucción programada.

Se escogió esta técnica porque facilita el aprendizaje. A continuación se enseña en qué consiste, para que Ud. pueda usar fácilmente este texto, y se le explicará cómo usarlo a través de ejercicios de instrucción programada.

La materia va organizada en pequeños párrafos, después de los cuales hay una frase incompleta, en que sólo debe llenarse el espacio en blanco, para responder. La respuesta correcta se encuentra más abajo a la derecha.

Con una hoja de papel mantenga cubierta la respuesta hasta que Ud. haya dado la suya; compruebe si está correcta leyendo la palabra que está más abajo.

Los cuadros siguientes le permitirán entender mejor la técnica.

1.– Una de las características de la Instrucción Programada es la presentación de la materia en pequeñas unidades llamadas cuadros.

Los cuadros son pequeñas_____ que presentan el material o información que se quiere enseñar.

unidades

2.– La información contenida en el cuadro ayuda a responder una pregunta que va a continuación.

La información del cuadro permite_____ la oración siguiente.

responder

3.- **La respuesta correcta** está más abajo a la derecha y permite ver en forma inmediata si Ud. dio o no la respuesta correcta.

El alumno puede_____ en forma inmediata si comprendió la materia.

ver – verificar

4.- Para responder, sólo se completa el espacio en blanco que hay en cada frase.

Basta con_____ el espacio en blanco para responder.

llenar – completar

Ahora usted sabe cómo se usa el texto "LÉALO CUIDADOSA-MENTE". El éxito del programa dependerá de que Ud. aplique los ejercicios y las indicaciones contenidas en él.

Antes de cada sesión de trabajo con el niño, Ud. puede releer los capítulos que contienen ejercicios y diseñar las actividades que realizará en cada sesión.

Primera
Parte

"Clima afectivo y rendimiento escolar"

Motivación y refuerzo para el aprendizaje

Aunque los ejercicios son un elemento importante para el aprendizaje de la lectura, no debe olvidar que el clima afectivo es uno de los factores más decisivos para el buen rendimiento escolar. En los cuadros siguientes encontrará algunas indicaciones para lograr una atmósfera emocional apropiada para el aprendizaje.

1.— Un niño aprenderá más si está interesado y contento mientras aprende.

La mejor manera de que un niño _____ es hacerlo sentirse confortable mientras estudia.

aprenda

2.— Cuando los niños sienten que una tarea es muy difícil, tratan de eludirla.

Por ello, sobre todo al comienzo, hay que tratar que las tareas sean lo más _____ posible.

fáciles

3.– Un niño que es castigado, se le grita o es corregido mientras hace las tareas, sentirá temor cada vez que es llamado a estudiar.

Castigar a un niño por sus dificultades le creará_____al estudio.

temor

rechazo

4.– Cuando un niño tiene dificultad para estudiar hay que evitar castigarlo o gritarle, porque el problema tenderá a ser cada vez mayor.

Los_____agravan los problemas de aprendizaje.

castigos

5.– Cuando un niño siente que no puede realizar una tarea, desarrolla sentimientos de inseguridad en sí mismo y de incapacidad, que pueden acompañarlo toda su vida.

El fracaso tiende a desarrollar en el niño_____de incapacidad.

sentimientos

6.– Es importante que los trabajos que se le piden estén a su alcance, para evitar que tenga sentimientos de incapacidad.

Los trabajos muy difíciles crean en el niño sentimientos de _____.

incapacidad

7.– Cuando el niño realiza una tarea y siente que lo hace bien, la sensación que experimenta lo llevará a querer seguir trabajando.

Así, un niño que ha sido felicitado por sus dibujos probablemente querrá seguir _____.

trabajando

dibujando

8.– Para el éxito escolar, la forma en que los padres tratan a sus hijos es importante; ellos deben ser cariñosos y tener tiempo para preocuparse de sus tareas.

Los rendimientos escolares de los hijos de padres que castigan demasiado o no _____ de tiempo para sus hijos, tienden a ser inferiores.

disponen

tienen

9.– La crítica hace al niño resistir y rechazar el estudio y el trabajo.

Si se le critica su letra o se le ponen malas notas en escritura, probablemente se resistirá a _____ .

escribir

estudiar

trabajar

10.– La forma en que el padre se relaciona con el niño es básica para el éxito escolar; si el niño se da cuenta que a su padre le interesa y estimula su aprendizaje escolar, estudiará más.

En cambio, un niño al que su padre sólo controla y castiga, probablemente tenderá a _____ menos.

estudiar

11.– Disminuir las críticas frente a las tareas y aumentar las alabanzas harán que el niño recupere la confianza en sí mismo y sea más seguro.

Mientras más criticado sea un niño_____ será la confianza en sí mismo.

menor

12.– Muchos niños fracasan porque no tienen confianza en sus posibilidades de aprender.

Una manera de prevenir dificultades para aprender es crear en el niño_____ en sí mismo.

confianza

seguridad

13.– El exceso de crítica aumentará el problema que tiene el niño, en vez de disminuirlo.

Por ejemplo, un niño al que se le critica su falta de concentración estará cada día más _____.

desconcentrado

distraído

desatento

14.– Los castigos sólo consiguen un cambio momentáneo, pero a la larga el niño tenderá a rechazar las tareas y a la persona que lo castiga.

Por ello, es preferible no utilizar el _____ aunque momentáneamente pueda parecer eficaz.

castigo

15.– Premiar o reforzar los progresos tiende a fortalecer el a dizaje.

Mientras más dificultades tiene un niño, más importante es _ sus progresos.

16.– Los niños responden bien cuando se les fijan "las reglas del juego" y se les otorga un privilegio especial si realizan el trabajo pedido.

Permitir jugar a la pelota después de haber hecho las tareas es una forma de fijar las _____ del juego.

reglas

17.– Las reglas deben ser respetadas para que el niño aprenda a cumplir con sus tareas.

Si al niño se le permite jugar a la pelota a pesar de no haber _____, lo más probable es que para la próxima tampoco clase haga sus tareas.

cumplido

18.– Las tareas que se le propongan deben ser fáciles de cumplir, para aumentar el interés por el trabajo.

Si las tareas son muy difíciles, disminuirá el _____ y evitará trabajar.

interés

19.– Al comienzo es importante usar premios o estímulos de tipo material.

Los dulces, las estrellitas, las calcomanías son algunos _____ de tipo material, que pueden ser utilizados.

premios

estímulos

20.– La falta de éxito y el castigo disminuyen la autoestima del niño; por eso es importante generar situaciones en las que ellos sientan que logran realizar lo que se les pide.

El sentimiento permanente de fracaso puede afectar seriamente la _____ del niño.

autoestima

Algunas técnicas
para mejorar el aprendizaje
y el clima emocional de las sesiones

1.– Cuando alguien recompensa a un niño por algo, se dice que le ha dado un refuerzo positivo.

Si Ud. le da una estrellita a un niño después de una tarea, le ha dado un _____ positivo.

refuerzo

2.– **Para** que a un niño le agrade estudiar es necesario que obtenga refuerzos positivos en la sesión de estudio.

Si a un niño, después de haber puesto todo su esfuerzo, se le critica el trabajo, lo más probable es que no le _____ el estudio.

agrade

guste

3.– **Para** muchos niños estudiar es difícil porque reciben más críticas que refuerzos positivos.

Los niños "aplicados" reciben muchos refuerzos del profesor; por eso cada día son más _____ .

aplicados

estudiosos

4.– Los niños con dificultades habitualmente reciben poco refuerzo del profesor por su trabajo, por lo que sus problemas se agravan.

A un niño al que le cuesta estudiar, le aumentan las dificultates si no recibe ningún tipo de _____ por su trabajo.

refuerzo

5.– Junto con entregar recompensa material deben alabarse los trabajos del niño.

"Muy bien", "qué bonito está", y otras frases como éstas son _____ que deben decirse junto con dar los premios.

alabanzas

6.– Si el niño asocia o une la situación de recompensa con alabanzas, posteriormente le bastarán las alabanzas para seguir trabajando.

Por ello, es conveniente alabar junto con dar _____ .

premios

recompensas

7.– El mejor refuerzo para un niño es sentir que puede realizar bien las tareas.

Las tareas deben ser adecuadas a las capacidades del niño para que sienta que _____ realizarlas con facilidad.

puede

8.– Si el niño no logra realizar una tarea, a pesar de haberse esforzado, es preferible no usar la crítica, sino cambiar el ejercicio por una tarea más fácil.

Si la tarea resultó muy difícil para el niño, es necesario_____ un ejercicio más fácil para lograr que tenga éxito.

hacer

cambiar

9.– Prestarle atención a un niño cuando lo hace bien es un poderoso refuerzo para fijar lo aprendido.

En las sesiones de trabajo el niño debe recibir _____ del adulto cada vez que lo hace bien.

atención

10.– Para que los refuerzos sean efectivos deben coincidir con algún progreso del niño, o con una tarea cumplida.

Si se da refuerzo cuando el niño _____ está trabajando, será contraproducente.

no

11.– Al comienzo, las tareas hay que programarlas muy fáciles para poder reforzar al niño.

Por el contrario, si las tareas son muy _____, menos oportunidades tendrá Ud. de reforzar al niño.

difíciles

complejas

12.– Es conveniente anotar las veces que premiamos a cada niño en cada sesión.

Este procedimiento nos ayudará a controlar la cantidad de _____ que aplicamos en cada sesión.

refuerzos

premios

13.– A medida que el niño progresa, encuentra más agrado en el trabajo; por ello va a necesitar menos refuerzo para trabajar.

La sensación de éxito y los progresos hacen que con el tiempo el niño necesite _____ refuerzo para trabajar.

menos

14.– A los niños con dificultades para aprender les cuesta mucho prestar atención; por ello al principio es bueno reforzar al niño por el solo hecho de prestar atención.

Si el niño presta atención cuando se le lee un cuento corto, el hecho de prestar _____ debe ser reforzado.

atención

15.– No todos los niños reaccionan igual a los refuerzos; algunos niños prefieren los dulces, otros que les dibujen estrellas, otros láminas. Es necesario averiguar lo que prefiere.

Es necesario elegir los refuerzos que sean _____ efectivos para el niño.

más

16.— La inquietud es uno de los factores que más perturba el aprendizaje y puede modificarse a través del refuerzo.

Por ello, en cada sesión hay que procurar, a través del refuerzo, modificar la _____ .

inquietud

17.— Para modificar la inquietud es preferible prestar atención al niño cuando está tranquilo que retarlo cuando se está moviendo, ya que la atención tiende a aumentar la inquietud.

No es un buen mecanismo llamarle la atención al niño cuando está _____ .

inquieto

18.— Para aprender, el niño necesita "prestar atención". La atención del niño puede aumentar a través del refuerzo.

Cuando el niño está atendiendo, es importante _____ por estar concentrado.

reforzarlo

¡QUÉ CONCENTRADO ERES PARA TRABAJAR!

19.– Una de las maneras de suprimir las conductas que interfieren con el aprendizaje, es no prestarle atención mientras el niño las realiza.

Si el niño está inquieto o desatento es preferible no prestarle _____ .

atención

20.– El castigo no es una técnica útil, porque sólo produce efectos pasajeros y altera la relación del niño con la persona que lo castiga.

Cuando Ud. _____ a un niño no debe extrañarle que él sienta rabia hacia Ud.

castiga

21.– Para ser efectivos, los refuerzos, sean premios o alabanzas, deben ser dados en forma inmediata a la conducta del niño.

Mientras más lejos esté el refuerzo o premio de la conducta, menos _____ será.

efectivo

22.– En las primeras sesiones el refuerzo debe ser lo más seguido posible; quizá cada vez que el niño lo hace bien.

Al comienzo, cada vez que el niño dé la respuesta correcta, debería _____ reforzado.

ser

23.– Mientras más reforzada sea una conducta al principio, más rápido se fijará el aprendizaje.

De la calidad y la cantidad del refuerzo que reciba un niño dependerá la rapidez en el _____ .

aprendizaje

24.– Un niño que continuamente es castigado por sus dificultades para aprender, pensará que no es capaz y que no llena las expectativas de los adultos.

Para que el niño se sienta _____ y confiado en sí mismo, no debe ser castigado.

capaz

Hábitos de estudio

Otro factor importante para el rendimiento escolar es la forma en la que el niño enfrenta la situación de aprender, es decir, sus hábitos de estudio.

1.–Mientras un niño estudia es importante que el ambiente a su alrededor esté tranquilo y evitar la presencia de ruidos que puedan distraerlo.

Es conveniente que la radio y el televisor estén apagados mientras el niño estudia, para que no se _____ .

distraiga

2.– Es importante desarrollar en el niño ciertos hábitos de estudio; entre las medidas que se aconsejan es que el niño disponga de un rincón tranquilo donde realizar el trabajo.

Es preferible que el niño realice todos los días su tarea en el _____ lugar a que cambie de sitio cada vez.

mismo

3.– Cuando el niño está cansado, se pone irritable y comienza a equivocarse con frecuencia; por eso es necesario que el tiempo de estudio sea corto.

Cuando un niño empieza a cometer errores y a enojarse, es signo de que está _____ y, por lo tanto, es preferible que descanse antes de seguir con la tarea.

fatigado

cansado

4.– La fatiga también pone irritable a los padres o a las personas que trabajan con el niño, y a veces los lleva a cometer actos de violencia de los que después se arrepienten.

Si durante el período de trabajo del niño Ud. nota que está muy _____ , es preferible suspender el trabajo o cambiar de actividad.

irritable

impaciente

35

5.– Importa más la calidad que la cantidad de tiempo dedicado a las tareas; es preferible poco tiempo pero agradable, que mucho tiempo con castigo.

Diez minutos entre Ud. y el niño son _____ para el aprendizaje que dos horas de gritos y castigos.

mejores

6.– Trabajar largo tiempo es riesgoso, ya que cuando la relación se hace difícil se pierde el efecto positivo que pudiéran tener los ejercicios para el aprendizaje.

En general, se recomiendan períodos de trabajo _____ para evitar la fatiga.

cortos

7.– Hay ciertas condiciones físicas necesarias para que el niño rinda mejor. Entre ellas, la alimentación es un factor muy importante, especialmente para fijar la atención.

Un niño con _____ difícilmente podrá concentrarse.

hambre

8.– La necesidad de descanso y recreación también influye en el rendimiento del niño. A menor cansancio mejor rendimiento.

Es por ello que antes de la sesión, es aconsejable que el niño haya tenido un _____ de recreo o descanso.

tiempo

período

9.– El salón en el que estudia debera ser claro y ventilado y con una temperatura adecuada, para facilitar el rendimiento.

Una sala excesivamente oscura o fría dificulta el _____ de los niños.

rendimiento

10.– Uno de los elementos para que el niño cumpla su trabajo con eficiencia es que comprenda las instrucciones claramente.

Antes del trabajo en el cuaderno, es necesario hacer algunos ejercicios en el pizarrón o en voz alta, para ver si los niños _____las instrucciones.

comprenden

entienden

11.– Las instrucciones deben ser cortas y con ejemplos. Es conveniente tratar que el niño repita las instrucciones con sus propias palabras.

La repetición asegura que el niño comprendió bien las _____ .

instrucciones

12.– Si los niños prestan atención a la tarea, mejora su rendimiento; la atención depende de lo motivantes que sean los ejercicios.

La mejor manera de _____ al niño es presentarle los ejercicios en forma atractiva.

motivar

13.– La memorización debe lograrse más bien a través de actividades variadas que a través de repeticiones de un mismo ejercicio.

Por ejemplo, si se está enseñando la letra "a" es preferible que el niño la dibuje en el pizarrón, la haga en el aire, tache la letra en una revista, a que escriba una página completa con _____.

"a"

14.– Mientras más activos y variados sean los ejercicios, mayor será el aprendizaje.

Así, por ejemplo, un niño que debe ubicar palabras que empiezan con una letra, aprenderá_____que otro que escribe 15 veces una misma palabra.

más

mejor

15.– Otro factor importante en el aprendizaje es la capacidad de recordar o memorizar lo que se aprende. Se recuerda mejor la materia nueva que debe memorizar, si es poca.

La_____es más fácil si en cada sesión la cantidad de materia enseñada es pequeña.

memorización

16.— Si el niño al final de la sesión resume con sus palabras lo que aprendió, su memorización será mayor.

Al final de cada_____es conveniente que el niño diga lo que aprendió.

sesión

17.— Si el niño es capaz de aplicar lo que aprendió a una situación nueva, se facilitará su aprendizaje.

Por ejemplo, si se le está enseñando la frase "papá toma sopa" y se le pide que escriba "Pepe toma sopa", el cambio de una situación a _____ favorecerá el apredizaje.

otra

18.— El intercalar períodos de ejercicios físicos breves, cada 10 minutos, entre las tareas de lectura, o escritura, ayudará a evitar la fatiga.

Tener al niño inmóvil durante toda la sesión producirá mayor _____ en el niño.

fatiga

19.— Si las respuestas del niño son seguidas por una situación que le produce agrado, tenderá a recordarlas mejor.

Si premiamos a un niño que realiza un progreso,_____ mejor lo aprendido después.

recordará

20.— Reconocer los progresos del niño no sólo mejora sus rendimientos sino también su imagen personal.

Ayuda a mejorar la _____ personal, haciendo notar al niño lo que ha progresado.

imagen

Indicaciones para las sesiones de trabajo

1.– Cuanto más larga la sesión, mayor es la fatiga; por eso son preferibles sesiones más breves pero más seguidas.

Las sesiones largas tienden a _____ al niño.

fatigar

2.– La lectura es un proceso largo de aprendizaje; en cada uno de los pasos del aprendizaje el niño debe ser reforzado o premiado.

En cada sesión hay que recordar que se debe _____ al niño.

reforzar

premiar

3.– Las instrucciones que se dan a los niños en razón de su edad deben ser lo más cortas posibles.

Las instrucciones largas tienden a confundir al niño; por ello trate que sean lo más _____ posibles.

cortas

4.– Asegúrese que en cada sesión el niño hable. El solo hecho de repetir las instrucciones que le han dado mejora su lenguaje.

Es importante lograr que el niño _____ en todas las sesiones.

hable

5.– En lo posible, las instrucciones deben ser seguidas de un ejemplo para aclararle al niño lo que se espera de él.

El uso del ejemplo sirve para _____ al niño la tarea.

aclararle

6.– Que el niño aprenda no sólo depende del interés que él tenga, sino de que Ud. lo refuerce o premie.

Por eso, es importante que Ud. no olvide_____al niño durante la sesión.

reforzar

7.– Observar cuidadosamente las dificultades que tenga el niño ayudará a hacer más fáciles los ejercicios.

Siempre que un niño no logre realizar un ejercicio, hay que hacer-lo más _____ .

fácil

8.– Revisar las tareas que el niño ha hecho en la escuela y felici-tarlo por ellas, le ayudará a memorizarlas.

Por ello es importante que Ud. se interese por las _____ que el niño ha hecho en la escuela.

tareas

9.– La crítica o los retos continuos hacen que el niño pierda el interés por estudiar y no mejore el rendimiento.

Es mejor tratar de no criticar para que el niño no pierda el _____ en el estudio.

interés

10.– Si un niño no manifiesta interés por estudiar, es posible que las tareas que se le han pedido sean muy difíciles para él.

Hacer las tareas más _____ aumentará el interés del niño.

fáciles

11.– Si Ud. ha ofrecido un premio al niño por realizar un trabajo, sólo debe entregarlo si el niño ha cumplido.

Si da el premio mientras no haya cumplido, el niño habrá aprendido que no es necesario cumplir para obtener el _____ .

premio

12.– A veces para evitar que el niño tenga pataletas se le da el premio, aun cuando no haya cumplido las reglas del juego. Con ello habremos reforzado la pataleta.

La próxima vez que el niño quiera conseguir algo de Ud., lo más probable es que tenga una _____ .

pataleta

13.– La mejor forma de eliminar las pataletas es no prestarle atención al niño mientras las está haciendo y no darle lo que pide en esa forma en repetidas ocasiones.

Para eliminar las pataletas es necesario que cada vez que el niño las haga, no se le preste atención, y no _____ lo que pide, si está haciéndolas.

darle

14.– Si alguna vez se le presta atención a las pataletas y otras no, el niño continuará con ellas. Con el llanto sucede lo mismo que con las pataletas.

Mientras más_____ reciba por su llanto, con más frecuencia llorará.

atención

refuerzo

15.– Reforzar la conducta opuesta a la que se quiere eliminar, es la mejor forma de modificar el comportamiento del niño.

Es preferible prestarle atención al niño cuando está tranquilo que _____está inquieto.

cuando

16.– A los niños muy tímidos hay que reforzarlos cada vez que hablan, para que logren vencer la timidez.

Si Ud. no refuerza a un niño tímido cuando habla, probablemente su_____aumentará.

timidez

17.– Las conductas positivas y adaptables para el trabajo deben ser reforzadas premiándolas para que aumenten; si no, disminuirán.

Si Ud. no refuerza las conductas positivas, éstas tenderán a _____.

disminuir

18.– Cuando una conducta dificulta la concentración del niño, por ejemplo, la inquietud, es necesario reforzar la conducta opuesta.

En los niños muy inquietos hay que estar atentos para reforzarlos cuando están _____.

quietos

19.– Si la conducta que perturba el rendimiento de un niño, es la agresión hacia sus compañeros, hay que reforzar la conducta opuesta.

Cada vez que es cooperador o afectuoso con ellos, debería _____reforzado de algún modo.

ser

20.– Si el niño tiene una conducta muy dependiente de Ud. para trabajar, Ud. debería reforzarle la conducta opuesta.

Es decir, reforzar la conducta opuesta a ser dependiente, o sea ser_____.

¡QUÉ BIEN TRABAJAS SOLA! ...ERES MUY INDEPENDIENTE.

independiente

21.– Los aprendizajes se logran en forma muy lenta al comienzo; por ello es necesario que Ud. no se impaciente y siga reforzando o premiando al niño, a pesar de la lentitud.

Aunque al comienzo le parezca que no progresa lo suficientemente rápido, debe _____ reforzando al niño.

seguir

22.– Las amenazas no modifican las conductas de los niños y por eso es preferible no usarlas. Además, a veces no es posible cumplirlas, con lo que se pierde autoridad sobre el niño.

Cuando Ud. no cumple sus amenazas, el niño _____ que éstas no son de temer.

aprenderá

23.– Con los niños inquietos es preferible, en lo posible, ignorar su inquietud, ya que la atención tenderá a reforzarla.

Los comportamientos indeseables, como la inquietud y otros, deben ser desalentados no prestándoles_____.

atención

24.– Algunos niños trabajan en forma muy apresurada y por eso sus trabajos no resultan bien; a ellos habría que premiarlos cuando trabajan lento, pero cuidadosamente.

Por el contrario, otros niños trabajan demasiado lento; a ellos habría que reforzarlos_____trabajan más rápido.

cuando

porque

si

25.– A esta edad a los niños les gusta mucho ser "grandes", por eso un buen refuerzo es decirles: "lo estás haciendo como un grande".

Otro buen_____es decirle, por ejemplo, "qué rápido aprendiste, eres muy inteligente".

refuerzo

26.– Entregar conceptos positivos a un niño acerca de sí mismo ayuda a mejorar la relación con el adulto y se formará una imagen positiva de sí mismo.

Para tener una imagen _____ de sí mismo, es necesario que el niño escuche decir cosas buenas acerca de él.

positiva

Segunda Parte

Apresto y lectura

Preparando el
aprendizaje de la lectura

1.– Cuando se lee se da, en forma oral, un significado a las palabras impresas.

_____ es dar un significado a los textos impresos.

leer

2.– La lectura es un aprendizaje básico esencial en la escuela. Sin embargo, a muchos niños de inteligencia normal les cuesta aprender a leer.

Por lo tanto, no se puede decir que un niño que no aprende tiene necesariamente _____ baja.

inteligencia

3.– Cuando a un niño le cuesta aprender a leer, a pesar de tener inteligencia normal, las causas pueden ser ambientales, orgánicas o psicológicas.

Las _____ de las dificultades de aprendizaje son muchas.

causas

4.– Una de las causas más comunes del fracaso escolar es que el niño no haya recibido la estimulación suficiente para su desarrollo cognitivo y emocional.

Un niño con muchos hermanos y cuyos padres son analfabetos, tiene más posibilidades de _____ en la escuela por falta de estimulación.

fracasar

5.– Hay diversas funciones psicológicas que se relacionan con la lectura que deben estar suficientemente desarrolladas para que al niño le resulte fácil el aprendizaje de la lectura, siendo el lenguaje una de las más importantes.

A un niño que al entrar a primero básico no habla bien, probablemente le será más _____ aprender a leer.

costoso

difícil

6.– A muchos niños se les dificulta aprender en grupos grandes porque se distraen y les cuesta poner atención a las explicaciones de la profesora.

Prestar _____ es básico para lograr un buen aprendizaje.

atención

7.– Con el objeto de que a los niños les cueste menos prestar atención, los ejercicios que se describen en este manual están hechos para ser aplicados a grupos de 2 ó 4 niños, máximo.

El hecho de que los niños sean pocos, les hará más _____ prestar atención.

fácil

8.– Para que el niño adquiera el gusto por la lectura, el aprendizaje debe resultar agradable y exitoso.

Si el aprendizaje le resulta difícil o es castigado durante el aprendizaje, tendrá una actitud de rechazo frente a la _____ .

lectura

9.– Trabajar con grupos pequeños tiene como objetivo lograr que los niños_____mejor.

aprendan

10.– Normalmente la adquisición de la lectura es lenta para la mayoría de los niños, pero hay algunos de ellos que presentan más dificultades por diferentes problemas que es necesario sean diagnosticados por especialistas (médicos, psicólogos).

Antes de culpar a un niño porque le cuesta aprender, hay que buscar las_____y tratar de que sean diagnosticadas por un especialista.

causas

11.– Antes de enseñar a leer es necesario haber desarrollado diversas habilidades en los niños, como son: lenguaje, pensamiento, percepción visual, orientación espacial, percepción auditiva, orientación temporal y coordinación mctora.

Si alguna de estas _____ no se ha desarrollado en forma suficiente, al niño le será difícil aprender a leer.

habilidades

funciones

Lenguaje

1.— El lenguaje es el medio que permite al hombre comprender y expresar sus ideas. Si no tuviéramos lenguaje no podríamos _____ ni expresar ideas.

comprender

2.— Antes de iniciar el aprendizaje de la lectura, el niño debe tener un vocabulario amplio; por ello es importante hablarles mucho a los niños y darles oportunidad de expresarse.

Tan importante como entender lo que se dice, es poder expresarse; por eso es importante darle al niño la oportunidad de _____.

hablar

expresarse

3.— El significado de las palabras se aprende mejor si se ligan los conceptos a objetos o imágenes. Es conveniente, por ejemplo, que miren láminas y digan el nombre de los objetos representados.

Mientras más objetos conozca un niño, mejor será su _____.

lenguaje

vocabulario

4.– El lenguaje es la habilidad que más facilita la lectura; por eso un niño que habla bien tendrá menos problemas para aprender a leer.

El niño que tiene problemas para hablar posiblemente le costará aprender a _____ .

leer

5.– Una buena manera de mejorar el lenguaje es contarles cuentos.

Mientras más _____ haya escuchado, mejor será su lenguaje.

cuentos o historias

6.– No importa repetir el mismo cuento varias veces, ya que ayuda a recordarlo, siempre que la repetición no sea exagerada o hecha contra la voluntad del niño.

La repetición de un cuento ayudará a que el niño _____ mejor la historia.

recuerde

memorice

aprenda

60

7.– Otra manera de desarrollar el lenguaje consiste en mostrarle láminas de revistas y pedirle que cuente lo que pasa en ella.

El_____ lo que sucede en un dibujo desarrollará su capacidad de observar y de expresarse.

contar

relatar

Mostrar y nombrar cada uno de los objetos.

NOTA: Ejercicio tomado del libro *"Pin Pin Serafín"*. Milicic, N.; Schmidt, S.; Astaburuaga, I.; Pereira, L. Ed. Andrés Bello, 1981. Con autorización del editor.

8.– Las frases inconclusas, que el niño debe completar, ayudan a que desarrolle la capacidad de hablar y pensar.

Por eso, cuando relate algo, a veces se puede interrumpir una frase, esperando que el niño la _____ .

complete

termine

9.– Algunos ejemplos de frases a completar son los siguientes:

El perro ladró y maulló el _____ .

gato

La Cenicienta fue al _____ .

baile

Los pies sirven para caminar y las orejas para _____ .

oír

10.— El niño no debe ser presionado a dar respuestas correctas; si se le exige se inhibirá y no querrá seguir participando en el ejercicio.

Si responde es preferible terminar la frase y no _____ una respuesta.

exigir

11.— Una manera de enriquecer el vocabulario del niño es planear experiencias que le permitan hablar libremente sobre ellas.

Observar animales y pedir que los describa, plantar semillas, ir al zoológico, visitar un supermercado. Éstas son todas experiencias que _____ el lenguaje.

enriquecen

ayudan

mejoran

12.— La habilidad para el lenguaje se relaciona con la práctica en escuchar y hablar.

Por ello, mientras más oportunidad de oír y de hablar tiene un niño _____ será su lenguaje.

mejor

13.— Los niños aprenden lo que oyen; por eso cuando se dirija a ellos hable correctamente y con voz clara.

Si Ud. habla en forma infantil, no los está _____ a hablar mejor.

ayudando

14.— Los niños no deben ser corregidos si pronuncian mal algunas letras porque es involuntario.

Bastará con que Ud. use la palabra correctamente; no es aconsejable que lo_____si pronuncia mal.

corrija

15.— Un niño que es avergonzado en público por su forma de hablar se inhibirá y tenderá a hablar menos.

Corregir a un niño en público no lo llevará a hablar_____sino a hablar menos.

mejor

16.– La mejor forma de hablarle a un niño es hablarle relativamente lento y en frases completas, pero cortas; así el niño logrará una mejor comprensión de lo que se quiere expresar.

Si se le habla muy rápido o con frases largas, el niño tendrá mayor dificultad para _____ lo que se le dice.

comprender

entender

17.– Otros medios útiles para mejorar el lenguaje, son acostumbrarse a razonar con el niño y no limitarse a darle órdenes sin justificación.

Por ejemplo, decir: "lávate las manos para no manchar el cuaderno" es _____ que decir sólo: "lávate".

mejor

18.– Pedir a los niños que describan un objeto, alentándolos a que se refieran a sus aspectos más importantes, como forma, color, tamaño y otras características, ayuda al desarrollo del lenguaje.

Es útil, por tanto, para el desarrollo del lenguaje pedirles que _____ diferentes objetos.

describan

cuenten

19.– A esta edad el niño está desarrollando su inteligencia y no puede asimilar la información cuando se le dan muchas órdenes a la vez.

Cuando hay que dar varias instrucciones al niño es _____ dárselas de una en una.

mejor

20.– Aprender canciones, rondas y trabalenguas, desarrolla en el niño la audición, el lenguaje, el ritmo y la memoria.

El colegio y los padres deben procurar que el niño aprenda algunas_____ y cantarlas con él.

canciones

CU-CÚ CANTABA LA RANA

Cu-cú, cantaba la rana,
Cu-cú, debajo del agua,
Cu-cú, pasó un caballero,
Cu-cú, de capa y sombrero.

Cu-cú, pasó una señora,
Cu-cú, con falda de cola,
Cu-cú, pasó una criada,
Cu-cú, llevando ensalada,
Cu-cú, pasó un marinero,
Cu-cú, vendiendo romero,
Cu-cú, le pidió un ramito,
Cu-cú, no le quiso dar,
Cu-cú, se echó a revolcar.

TRABALENGUAS

Tres tristes tigres trigo
trillado tranquilos comieron.

Tres tristes tigres
tragaron tres tazas de trigo.

21.– Otra manera de desarrollar el lenguaje son los juegos en los que ellos asumen papeles como el de papá, bombero, doctor. Ninguna representación debe ser criticada ya que los niños tímidos pueden resistirse a actuar.

Debe evitarse la_____, para que el niño se sienta seguro al hacer la dramatización.

crítica

Pensamiento

1.– El pensamiento es la función que permite captar los hechos, comprenderlos y relacionarlos.

El pensamiento permite captar, _____ y relacionar los hechos.

comprender

2.– El niño que lee debe ser capaz de comprender lo leído; desarrollar el pensamiento ayuda a comprender lo leído.

Al progresar el niño en su capacidad de pensar, tiende a mejorar la _____ de lo que lee.

comprensión

3.– Reconocer las acciones que realizan diferentes animales u objetos desarrolla en el niño la habilidad para pensar.

Por ejemplo, preguntarle ¿qué hacen los pájaros?, ¿para qué sirven los trenes?, ayuda a _____ el pensamiento.

desarrollar

4.– El reconocimiento de quién es el personaje de un cuento sirve para estimular el lenguaje y el pensamiento del niño.

Por ejemplo, después de contarle la historia de la Caperucita Roja preguntar: ¿quién mató al lobo?, le ayudará a desarrollar su capacidad de _____ .

pensar

5.– Otro ejercicio para estimular el pensamiento de los niños es buscar el contrario, por ejemplo, con frases como las siguientes:

El pez nada y el pájaro_____ .

vuela

El algodón es liviano, los metales son _____ .

pesados

6.– También desarrolla el pensamiento del niño pedirle que busque el opuesto de una palabra dada.

Por ejemplo, si se le dice blanco él debe decir _____ .

negro

Si se le dice largo, él debe decir _____ .

corto

Si se le dice grande, él debe decir _____ .

chico - pequeño

7.– La habilidad de clasificar es importante para el desarrollo de la inteligencia, y puede desarrollarla por medio de diversos juegos.

Un _____ consiste en presentarle varios objetos de una misma forma o clase, pero en diferentes colores y pedirle que lo agrupe por color.

juego

ejercicio

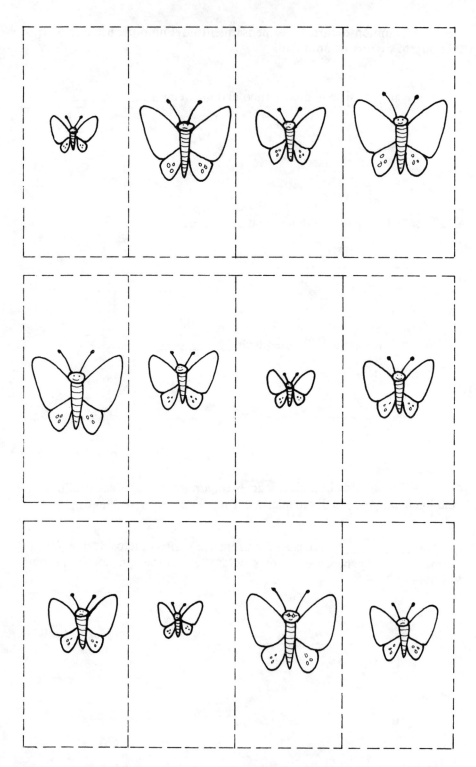

Pinta con azul las mariposas grandes, con rojo las medianas y con amarillo las pequeñas.

8.– El pensamiento también se puede desarrollar a través de la habilidad para clasificar objetos diferentes.

Los niños pueden ser enseñados a _____ por forma, jugando a agrupar cosas redondas, cuadradas o triangulares.

clasificar

9.– Una vez que el niño ha realizado la clasificación se le pregunta por qué los ordenó así, lo que le ayudará a desarrollar el pensamiento.

Explicar cuál fue la razón para clasificar, ayuda a desarrollar el _____ .

pensamiento

10.– También se puede clasificar por tamaño, presentándole objetos grandes y pequeños y pidiéndole que agrupe según el porte.

Agrupar cuadrados de diferentes tamaños: grandes, pequeños, medianos, es un típico ejercicio de clasificación por _____ .

tamaño

Pinta con azul los animales grandes, con rojo los medianos y con amarillo los pequeños.

11.– Clasificar de acuerdo a categorías a las que pertenezcan los objetos, es otro tipo de ejercicio de clasificación.

Pedirle al niño que agrupe láminas, que representan instrumentos (guitarras, piano) y láminas que representan frutas (duraznos, manzanas) en dos grupos es un ejercicio que enseña a clasificar por _____

categorías

Los ejercicios de clasificación pueden hacerse usando formas geométricas.

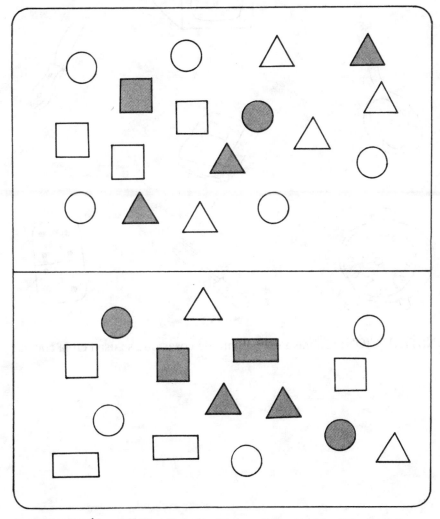

INSTRUCCIÓN: Subraya los cuadrados. Subraya las figuras grises.

NOTA: Tomado del libro *"Conversando con los números"*. de Milicic, N.; y Schmidt, S.; Editorial Galdoc, 1982. Con autorización del editor.

INSTRUCCIÓN: Subraya el conjunto de cosas que se usan en la cocina.

NOTA: Tomado del libro *"Conversando con los números"*. de Milicic, N.; y Schmidt, S.; Editorial Galdoc, 1982. Con autorización del editor.

12.– Buscar lo absurdo de una situación también desarrolla la capacidad de pensar.

Por ejemplo, presentar un niño leyendo un libro al revés y preguntar qué tiene de _____ el dibujo.

raro

13.– Otra forma de ayudar a razonar a los niños consiste en presentarles una serie de dibujos o palabras, dentro de las cuales hay una que no tiene nada que ver con las otras y pedirle que la descubra.

Por ejemplo, presentar un dibujo de una lechuga, un apio, un aumento y una zanahoria. El niño debe _____ que el auto es el que no corresponde a la serie.

descubrir

14.– Otros tipos de ejercicios para desarrollar el lenguaje y el pensamiento son los de asociación; por ejemplo, nombrar naranjas y pedir a los niños que nombren otras frutas.

Estos ejercicios de _____ se pueden hacer con nombres de animales, ropas, juguetes.

asociación

15.– Otra forma de desarrollar la capacidad de razonamiento es dibujar una columna con figuras y al frente, en forma desordenada, dibujar una parte de éstas y pedirle al niño que una estas partes con la figura, como corresponde.

Cuando el niño descubre que el ancla va con el barco, ha realizado un ejercicio que desarrolla su capacidad de _____.

razonamiento

INSTRUCCIÓN: Une cada figura con la parte que le corresponde y píntalas de un mismo color.

NOTA: Tomado del libro *"Sentadito en un rincón"*. de Astaburuaga, I.; Milicic, N.; Schmidt, S.; y Ureta, M. E. Editorial Galdoc, 1982. Con autorización del editor.

16.– Las adivinanzas también son un modo de ejercitar el pensamiento que entretiene a los niños.

Aunque el niño no encuentre la respuesta a la _____ , el repetirla y oir la respuesta es una forma de desarrollar el pensamiento.

adivinanza

ADIVINANZAS

Muchas damitas
de oscuro traje
de un agujero
entran y salen.
                        (las hormigas)

Llevo mi casa al hombro
camino sin una pata
y voy marcando mi huella
con un hilito de plata .
                        (el caracol)

Percepción visual

1.– La lectura supone dar significado a signos impresos, y para ello es necesario que el niño perciba visualmente la diferencia de estos signos.

A través de la percepción visual el niño puede diferenciar una letra de otra y una palabra de _____ .

otra

2.– Identificar los signos que son semejantes a un modelo en una serie es una tarea que desarrolla la capacidad de percepción visual en el niño.

El buscar letras que son iguales al modelo, en una fila, como se ve más adelante en el ejemplo, aunque el niño no sepa el nombre de la letra, ayuda a desarrollar la _____ visual.

percepción

3.– Si el niño tiene muchas dificultades en ubicar letras que son iguales al modelo, es recomendable hacer previamente ejercicios con objetos concretos, o con series de figuras geométricas, como la siguiente; esto mejorará su percepción visual.

Pinta las figuras que son iguales al modelo.

También con ejercicios de identificación de figuras _____ se desarrolla la percepción visual.

geométricas

INSTRUCCIÓN: Busca el dibujo que es igual al modelo y márcalo con una cruz (+).

NOTA: Ejercicio tomado del libro *"Pin Pin Serafín"*, de Milicic, N. et al. Editorial Andrés Bello, 1982. Con autorización del editor.

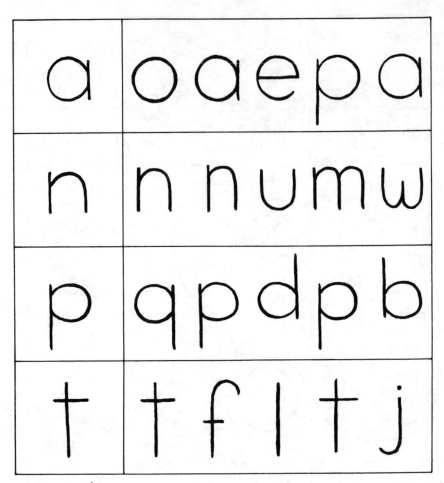

INSTRUCCIÓN: Encierra en un círculo las letras que son iguales al modelo.

NOTA: Tomado del libro *"Sentadito en un rincón".* de Astaburuaga, I.; Milicic, N.; Schmidt, S.; y Ureta, M. E. Editorial Galdoc, 1981. Con autorización del editor.

4.– Una variación del ejercicio consiste en buscar la letra que es diferente, en una serie, como puede verse en el modelo.

Para ello se dibuja un modelo con letras iguales al modelo y una letra es _____ a éste.

diferente

distinta

5.– Dentro de la percepción visual es importante enseñar al niño a mover los ojos de izquierda a derecha.

Se recomiendan ejercicios en los que el niño debe "leer" las filas de imágenes o números de izquierda a _____ .

derecha

6.– También puede presentarse al niño una serie de manchas de colores, que debe ir nombrando de izquierda a derecha.

Este ejercicio ayuda al niño a leer, posteriormente, de izquierda a _____ .

derecha

7.— También es importante acostumbrar los ojos del niño a trabajar de arriba-abajo.

Por ejemplo, se le presenta una página con figuras geométricas (tres
para el lado y tres para abajo) y se pide que las vaya nombrando orde-
nadamente de izquierda a derecha y de arriba hacia _____ .

abajo

8.— Otra forma de desarrollar la percepción visual es la de completar figuras incompletas de acuerdo a un modelo.

El niño debe ser capaz de_____ la figura de la derecha,
de acuerdo al modelo.

completar

terminar

9.— Este mismo ejercicio de completar figuras puede realizarse
con letras, números y dibujos.

Al niño se le da una figura o serie_____ para que él la complete.

incompleta

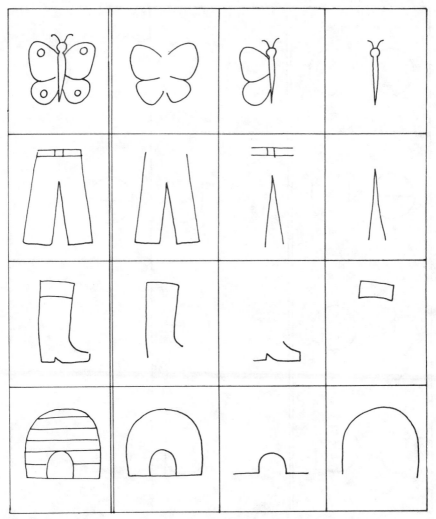

INSTRUCCIÓN: Completa estos dibujos para que te queden igual al modelo.

NOTA: Ejercicio tomado del libro "Sentadito en un rincón", de Astaburuaga, I.; Milicic, N.; Schmidt, S. y Ureta, M.E. Editorial Galdoc, 1982. Con autorización del editor.

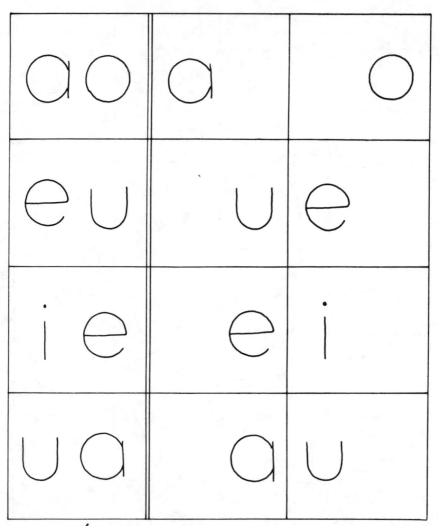

INSTRUCCIÓN: Completa estos dibujos para que te queden igual al modelo.

10.- Otro tipo de ejercicio para desarrollar la percepción visual consiste en buscar en un conjunto de dibujos el que tiene una posición diferente.

En el ejemplo, el trabajo del niño consiste en marcar el triángulo que está en _____ diferente.

dirección

posición

11.- Este mismo ejercicio es de mayor utilidad si se realiza con letras o números, buscando las que sean diferentes.

La tarea del niño es localizar la letra o el número que está en una posición _____ .

diferente

12.— Otro ejercicio de percepción visual es presentar una serie de palabras (5), de las cuales 3 comienzan con la misma letra, y pedirle al niño que pinte las que empiezan con la misma letra.

Al pintar las que comienzan igual, habrá realizado un ejercicio de percepción _____ .

visual

Orientación espacial

1.– La orientación en el espacio es un factor de gran importancia para la enseñanza de la lectura, ya que las letras se diferencian entre sí por la ubicación que tienen en el espacio.

Los niños que no han desarrollado en forma suficiente la _____ en el espacio tienden a confundir letras como la b-d y la p-q.

orientación

2.– Hay muchos ejercicios que sirven para desarrollar la orientación espacial. Al comienzo es útil desarrollarla a través de movimientos que el niño realice, moviéndose él en el espacio.

Por ejemplo, pedirle al niño que, colocado de pie, salte hacia la izquierda, hacia la derecha, hacia atrás o hacia _____ .

adelante

3.– Si el niño tiene mucha dificultad en cumplir las instrucciones, quiere decir que la orientación espacial no está suficientemente desarrollada y debe ser estimulada a través de diferentes ejercicios.

Jugar con autitos y pedirle que doble hacia la derecha o hacia la izquierda, o bien que camine hacia atrás o adelante, es un ejercicio de orientación_____.

espacial

4.– Con papel y lápiz también se pueden hacer ejercicios para desarrollar la orientación espacial. Por ejemplo, presentarle letras b y d mezcladas y pedirle que pinte las letras que tienen el círculo a la derecha.

Al pintar las letras "b" ha hecho un ejercicio para desarrollar la _____ espacial.

orientación

5.— Una variación del mismo ejercicio es presentarle una fila de letras p y d mezcladas y pedirle que encierre en un círculo las que tienen el palito hacia arriba (d).

Este ejercicio ayuda a adquirir los conceptos de _____ y arriba, que también son básicos para la orientación espacial.

abajo

6.— El ejercicio del laberinto, como el que se ilustra en la página siguiente, también sirve para desarrollar la orientación espacial.

Al encontrar el niño la salida correcta del _____ se ha orientado en el espacio.

laberinto

Dibuja el camino que tienen que seguir los niños para llegar a los dulces.

92

7.– Los rompecabezas hechos de madera o de hojas impresas recortadas pegadas en cartón, constituyen ejercicios de orientación espacial y de coordinación motora.

Al ubicar las piezas del rompecabezas en la posición correcta, desarrolla la _____ y la coordinación motora.

orientación espacial

8.– El ejercitar conceptos de arriba y abajo en el espacio, en papel, en relación a objetos, o en relación a figuras impresas, desarrolla la orientación espacial.

Al pedir al niño que pinte frutas que están arriba de un árbol y deje sin pintar las que están_____ , el niño habrá ejercitado su orientación espacial.

abajo

9.– El conocimiento de los conceptos derecha e izquierda, facilita en forma importante el aprendizaje de la lectura.

Por ello es conveniente que Ud. haga ejercicios para desarrollar los conceptos izquierda y_____ en el propio cuerpo.

derecha

10.— El concepto derecha-izquierda se desarrolla a través de algunos ejercicios, como "muéstrame tu mano derecha"; ahora, "muéstrame tu ojo izquierdo", y utilizando las palabras izquierda y derecha.

Resulta útil lograr que el niño diga la palabra izquierda, si está mostrando su mano izquierda. Si se le pide que muestre la oreja derecha, debe procurarse que diga: "Esta es mi oreja _____".

derecha

Serafín lleva el bolsón colgando del hombro. Muestra el hombro de Serafín. Muestra tu hombro. Marca la correa del bolsón.

NOTA: Ejercicio tomado del libro *"Pin Pin Serafín"*, Milicic, N., et al. Editorial Andrés Bello, 1982. Con autorización del editor.

Percepción auditiva

1.– La percepción auditiva es una habilidad básica para lograr el aprendizaje de la lectura.

Todos los ejercicios que aumentan la _____ auditiva facilitan el aprendizaje de la lectura.

percepción

2.– Un ejercicio para desarrollar la percepción auditiva es darle al niño 3 dibujos y pedirle que diga cuáles comienzan con la misma letra.

El niño, al descubrir que auto y avión "comienzan con a" y oso y cama "no" comienzan con a, ha realizado un ejercicio de percepción _____ .

auditiva

3.– Este mismo ejercicio para identificar el sonido inicial de una palabra se puede realizar nombrándole tres objetos y pedirle que diga cuáles empiezan con la misma letra.

Por ejemplo, decir: elefante — lápiz — edificio. Si se le pide al niño que identifique las palabras que comienzan con e, deberá decir las palabras _____ y _____ .

elefante – edificio

4.– Una vez que el niño ha adquirido cierta habilidad para distinguir las vocales, puede comenzar con ejercicios de reconocimiento del sonido de las consonantes.

Por ejemplo, en un conjunto de dibujos (dado – pelota – diente – árbol). Si al niño se le pide que pinte lo que empieza con d, debería pintar los dibujos que representan un＿＿＿＿ y un＿＿＿＿.

dado – diente

5.– Este mismo ejercicio de discriminación auditiva, al inicio de las palabras, puede hacerse con todas las letras del alfabeto.

Al descubrir las palabras que tienen un mismo sonido inicial, el niño habrá hecho un progreso en la ＿＿＿＿＿＿＿＿＿＿＿＿＿＿＿＿.

discriminación o percepción auditiva.

a

avión

	auto
	taza
	arpa
	lana

INSTRUCCIÓN: Pinta las figuras que empiezan como "avión".

NOTA: Ejercicio tomado del libro *"Sentadito en un rincón"*, de Astaburuaga, I.; Milicic, N.; Schmidt, S., y Ureta, M.E. Editorial Galdoc, 1981. Con autorización del editor.

6.– Otros tipos de ejercicios que sirven para desarrollar la percepción auditiva son los que se relacionan con la memoria auditiva.

Por ejemplo, decirle una serie de 3 ó 4 palabras y después de unos segundos pedirle al niño que las repita, desarrolla la _____ auditiva.

memoria

Ejemplo de series:

collar – manzana – lápiz – auto

camello – abrigo – velador – tren

televisor – libro – sombrero – helado

7.– Una variación de este ejercicio para la memoria auditiva, consiste en contar un cuento y después releerlo, saltándose palabras en el relato.

Al encontrar los niños las palabras que faltan, habrán ejercitado la memoria_____.

auditiva

LA CASA DE LA TORTUGA

A un niño le regalaron una tortuga chiquitita.

—Le voy a hacer una casa —dijo el niño.

Buscó un cajón y le hizo una puerta. Adentro puso pasto verde y un montón de paja.

—Aquí mi tortuguita va a vivir feliz —pensaba nuestro amigo.

Entonces fue a buscar la tortuga. La encontró durmiendo, totalmente escondida dentro de su caparazón.

—La tortuga tenía casa propia —dijo el niño— y no me había dado cuenta. Dejaré la casita que hice para cuando me regalen un animal que no tenga casa propia.

LA CASA DE LA TORTUGA

A un niño le regalaron una tortuga chiquitita.

—Le _____ a hacer una casa _____ el niño.

Buscó un _____ y le hizo una _____. Adentro puso pasto verde _____ un montón de paja.

_____ mi tortuguita va a _____ feliz —pensaba nuestro amigo.

_____ fue a buscar la _____. La encontró durmiendo, totalmente _____ dentro de su caparazón.

_____ tortuga tenía casa propia _____ el niño— y no _____ había dado cuenta. Dejaré la casita que hice para cuando me regalen un animal que no tenga casa propia.

NOTA: Cuento y ejercicio tomado de las *"Fichas de Comprensión Lectora 1"*, de Alliende, F.; Condemarín, M.; Chadwick, M., y Milicic, N. Editorial Galdoc, 1981. Con autorización del editor.

8.– Otro ejercicio de discriminación auditiva consiste en que el niño trate de localizar objetos que empiezan con una letra determinada.

Por ejemplo, al identificar objetos que _____ con la letra "t", habrá realizado una tarea de discriminación auditiva.

empiezan

9.– Una variación de los ejercicios de discriminación auditiva son los ejercicios que riman. En ellos se le pide al niño que encuentre, en una serie de palabras, cuáles riman y cuáles no riman.

Por ejemplo, en taza y casa el niño debería decir que riman y en perro-árbol, debería decir que no _____ .

riman

10.– Otros ejercicios de rima consisten en decirle al niño una palabra como "hermoso" y pedirle que busque una palabra que rime.

Al encontrar el niño una palabra que _____ , habrá hecho un ejercicio de discriminación auditiva.

rime

11.– Otro ejercicio característico de discriminación auditiva es pedirle al niño que reconozca sonidos diferentes; por ejemplo, de instrumentos, de la naturaleza o sonidos emitidos por los animales.

Por ejemplo, se imita el mugido de una vaca y se le pregunta al niño: ¿cuál es el _____ que hace "muuu"?

animal

12.– Una variación de este ejercicio es dar al niño el nombre de un objeto y pedirle que haga el ruido correspondiente.

Por ejemplo, campana – bomba – ambulancia. Al dar la respuesta correcta, el niño estará ejercitando la _____ .

discriminación auditiva

13.– Repetir un ritmo hecho previamente por el adulto con las manos, también es un ejercicio de discriminación auditiva.

Por ejemplo, al repetir el _____ siguiente: dos aplausos seguidos de un momento de silencio y nuevamente dos aplausos, el niño ha hecho un ejercicio de discriminación auditiva.

ritmo

14.– Otra forma de ejercitar la discriminación auditiva es a través del juego del teléfono, en el que los niños deben ir transmitiendo un mensaje en voz baja a sus compañeros, hasta el final de la fila.

Los ejercicios en los que los niños deben escuchar palabras o ruidos emitidos en tonos bajos, también ejercita la discriminación _____ .

auditiva

Orientación temporal

1.– Orientación temporal es la habilidad que poseen las personas para entender que las cosas tienen un orden en el tiempo.

Darse cuenta que después del sábado sigue el domingo supone una orientación _____ .

temporal

2.– En las palabras, las letras se leen unas después de otras; si se cambia el orden también se cambia el sentido de la palabra.

Si en una frase se cambia el _____ de las palabras, también se cambia su sentido.

orden

3.– A veces los niños al leer cambian el orden de las letras o sílabas en una palabra, con lo que modifican el sentido de lo leído.

Por ejemplo, si un niño, en la palabra "malo", lee primero la última sílaba, leerá _____ .

loma

4.– La comprensión del orden que tienen las cosas se puede desarrollar a través de preguntas como: ¿quién nació antes, tú o tu mamá?

Al hacer una pregunta como: ¿qué hiciste primero, lavarte o venir al colegio? se está ayudando al niño a que se oriente en el orden de los fenómenos en el_____ .

tiempo

5.– Otra forma de desarrollar la orientación temporal es entregar al niño una historia representada en 3 ó 4 láminas y pedirle que las ordene como deberían ir.

INSTRUCCIÓN: Recorta y ordena estos cuadros.

NOTA: Este ejercicio fue tomado del libro *"Sentadito en un rincón"*, de Astaburuaga, I.; Milicic, N.; Schmidt, S., y Ureta, M.E. Editorial Galdoc, 1981. Con autorización del editor.

6.– También es básico para la orientación temporal que el niño conozca las palabras que lo ayudan a orientarse en el tiempo; por ejemplo, ayer como opuesto a hoy.

Al _____ las diferencias que hay entre el día y la noche, está logrando orientarse en el tiempo.

conocer o reconocer

7.– Es útil enseñarle la diferencia entre hoy y mañana para lograr una buena orientación temporal.

La descripción de lo que está haciendo, lo que hizo antes y lo que hará en el futuro, puede ayudarlo a ubicarse en lo que significa ayer, _____ y hoy.

mañana

8.– Enseñarle los días de la semana y su orden también ayuda a desarrollar la orientación temporal.

Una manera de enseñarle los días de la _____ es hacer un calendario en el que cada día esté representado por la actividad más típica de ese día.

semana

Lunes		
Martes		
Miércoles		
Jueves		
Viernes		
Sábado		
Domingo		

NOTA: Ejercicio tomado del libro *"Madurez Escolar"*, de Condemarín, M.; Chadwick, M., y Milicic, N. Editorial Andrés Bello, 1981. Con autorización del editor.

9.– Un importante concepto de tiempo son las estaciones del año. Aquí resulta útil que el niño dibuje paisajes del año, u observe láminas que representan las distintas estaciones del año.

Después, hay que tratar que hable sobre las diferencias que tienen entre sí las _____ del año.

estaciones

Postura

1.– Un factor importante, tanto en la lectura como en la escritura, es la postura en la que el niño se sienta.

El estar bien _____ facilita la lectura.

sentado

2.– Una buena postura contribuye a un buen desarrollo físico y evita algunos problemas de salud.

Muchos problemas de columna, en la vida adulta, se originan por una _____ inadecuada en la infancia.

postura

3.– Antes de comenzar los ejercicios de lectura y escritura, hay que estimular a los niños a tomar la posición correcta.

Alabar a los niños cuando están correctamente sentados contribuirá a que éstos mantengan la posición _____.

correcta

4.- La posición correcta supone separar levemente las rodillas, enderezar la cabeza y echar los hombros hacia atrás.

En una postura correcta los hombros deben estar ligeramente hacia _____ .

atrás

5.- Colocarse de pie y apoyar la espalda completa sobre la pared, también contribuirá a mejorar la postura.

En algunos ejercicios de postura, el niño debe colocarse de _____ a la pared.

espalda

6.- Al leer o escribir, el niño debe estar afirmado en el respaldo de la silla, con lo que se evitará que se "deforme" la columna.

Si está inclinado hacia adelante, su postura no es correcta y es posible que se deforme la _____ .

columna

7.– La espalda curvada, además de producir problemas en la columna, hace más difícil la visión porque se altera la distancia entre los ojos y el material impreso.

Una mala postura también dificulta la _____apropiada entre el niño y lo leído.

distancia

8.– Al escribir, los brazos deben estar sobre el escritorio. Uno "sujeta" el papel (no la cabeza) y el otro debe escribir, para no alterar la posición del cuerpo inclinándose hacia un lado.

Debe evitarse que la_____que debe sostener la hoja sujete la cabeza.

mano

9.– Los niños que escriben con la mano derecha deben tener la hoja levemente inclinada hacia la izquierda; en cambio los niños zurdos deben tenerla hacia la derecha.

En los niños zurdos la hoja debe estar inclinada hacia la _____ para facilitar la escritura.

derecha

Respiración y relajación

1.– A través de la respiración se logra la oxigenación del organismo, que facilita la capacidad de atención y concentración.

_____ bien ayuda a tener un mejor nivel de atención.

Respirar

2.– La oxigenación insuficiente, por problemas respiratorios, tiende a crear ansiedad y problemas de inquietud, con lo que se dificulta la atención.

Por ello es importante que a través de una adecuada _____ se asegure el aporte de oxígeno necesario al organismo.

respiración

3.– Antes de iniciar las sesiones de trabajo es conveniente realizar algunos ejercicios de respiración profunda, inspirando lentamente y contando hasta cinco, para continuar espirando también lentamente.

Un _____ que puede ayudar es inspirar el aire profundamente por la nariz y espirarlo lentamente por la boca.

ejercicio

4.– Una modificación del ejercicio anterior es que el niño inspire y espire el aire por la boca lentamente.

El inspirar y _____ lentamente el aire, mejora la respiración.

espirar

5.– Para una buena capacidad respiratoria es necesario mantener la higiene nasal; es decir, enseñarle al niño a usar el pañuelo cada vez que lo necesite.

A veces, es conveniente que los niños se _____ antes de iniciar los ejercicios.

suenen

limpien la nariz

6.– Después de los ejercicios de respiración, es útil realizar algunos ejercicios de relajación para tranquilizar a los niños y disminuir las tensiones.

A través de la _____ se tienden a disminuir las tensiones.

relajación

7.– Los niños tensos son menos armónicos en sus movimientos. A través de la relajación se disminuye la tensión y pueden lograr un mejor control de sus movimientos.

Cada vez que observe a los niños tensos o cansados, es aconsejable realizar algunos ejercicios de _____.

relajación

8.– Se sugiere efectuar el siguiente ejercicio para inducir el estado de relajación.

Sentado en el banco, apretar bien los músculos de todo el cuerpo y después soltarlos.

Apretar y _____ los músculos ayuda a relajarse.

soltar

9.– Inspirar y espirar teniendo los brazos y piernas sueltos, como muñecos de trapo, es un ejercicio de relajación y respiración.

A veces es útil combinar ejercicios de _____ con ejercicios de relajación.

respiración

10.– Estos ejercicios pueden realizarse con los ojos cerrados, para lograr que el niño se concentre mejor.

El cerrar los _____evita que el niño se distraiga.

ojos

11.– Dos o tres de estos ejercicios ayudan a lograr que el niño se relaje antes de la sesión.

Para inducir la relajación necesaria para el trabajo escolar no es _____ hacer muchos ejercicios.

indispensable

necesario

Coordinación visomotora

1.- La coordinación visomotora es la habilidad que permite coordinar los movimientos del niño a lo que ve. Esto se desarrolla a través de la práctica.

Mientras más oportunidades tenga un niño de realizar actividades manuales, mejor será su coordinación _____ .

visomotora

2.- Una actividad característica para desarrollar la coordinación motora es el recorte con la mano o con tijeras.

Cuando un niño está recortando de una revista figuras con la mano o con tijeras, está ejercitando su coordinación _____.

visomotora

manual

3.- El pintar, modelar, o rellenar figuras es también un ejercicio muy útil para desarrollar la coordinación visomotora.

Otra actividad de _____ visomotora que suele agradar mucho a los niños es el dibujo libre.

coordinación

4.– Tener materiales atractivos a disposición del niño facilita y estimula su interés por dibujar, porque sus dibujos quedarán más bonitos.

Es más fácil ejercitar la coordinación visomotora si los materiales son _____ .

atractivos

5.– En las actividades diarias que el niño realiza comúnmente, hay muchas que desarrollan la coordinación motora: abrochar y desabrochar botones, destapar botellas, hacer y deshacer nudos.

Por ello, cuando le damos al niño ayuda innecesaria en estas actividades, estamos frenando el _____ de la coordinación visomotora.

desarrollo

6.– La reproducción de figuras, tales como el círculo, el triángulo y el cuadrado, y la reproducción de letras son también ejercicios de coordinación visomotora, que posteriormente facilitarán el aprendizaje de la escritura.

Por ello dibujar letras, aunque el niño no sepa cómo se llaman, va a _____ el aprendizaje de la escritura.

facilitar

ayudar

Completa las ventanas

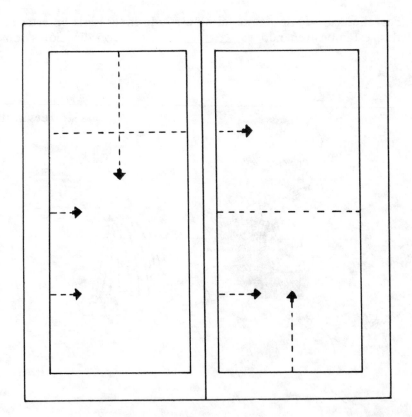

NOTA: Ejercicio tomado del libro *"Hola i, hola o"*, de Antonijevic, N.; Espínola, V.; Milicic, N. y Schmidt, S. Editorial Zig-Zag, 1978. Con autorización del editor.

Dibuja los barrotes de la jaula del león.

NOTA: Ejercicio tomado del libro *"Hola i, hola o"*, de Antonijevic, N.; Espínola, V.; Milicic, N. y Schmidt, S. Editorial Zig-Zag, 1978. Con autorización del editor.

Esta es la letra con la que comienza **VACA**.

Mírala bien:

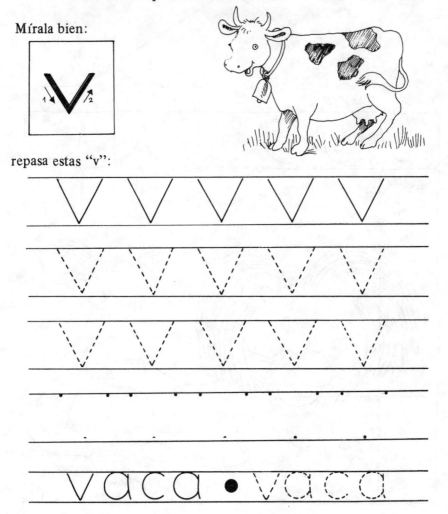

repasa estas "v":

NOTA: Ejercicio tomado del libro *"Hola i, hola o",* de Antonijevic, N.; Espínola, V.; Milicic, N. y Schmidt, S. Editorial Zig-Zag, 1978. Con autorización del editor.

Esta es la letra con la que comienza **LEÓN**.

Une las rayitas para completar las letras

ℓℓℓ

ℓℓℓℓ

ℓℓ

ℓℓ

león león

7.– La coordinación visomotora, facilita especialmente la escritura, es decir, la reproducción de los trazos que componen las letras en la forma y proporción adecuadas.

Por ello, al dibujar letras y palabras, aunque el niño no sepa leer bien, _____ el aprendizaje de la escritura.

facilita

8.– La manipulación de objetos a través de diversas actividades es útil para desarrollar la coordinación del niño; por ejemplo, hacer collares, trabajar con greda, etc.

Coser una figura con aguja de lana, siguiendo los puntos previamente dibujados, también ayuda a ejercitar la _____ visomotora.

coordinación

9.– Antes de que el niño pueda dibujar las letras, es necesario que aprenda a manejar las líneas tanto horizontales como verticales.

Para las líneas horizontales hay que enseñarle a trabajar de izquierda a derecha y en las líneas verticales de arriba hacia abajo.

En las líneas verticales el niño debe aprender a trazarlas de _____ hacia abajo.

arriba

10.– La dirección en la que se dibujan las letras es importante para una escritura sin problemas posteriores.

Por ello es conveniente enseñarle al niño la _____ de la letra a través de una flechita, como se indica en el modelo.

dirección

11.– Todos los niños tienen el sentido del tacto bien desarrollado. Repasar la forma de la letra que están aprendiendo con el dedo índice les ayuda a memorizar su forma.

Seguir el contorno de la _____ con el dedo ayuda a memorizarla.

letra

12.– Unir las rayitas de las letras siguiendo un trazado entrecortado, como lo indica el modelo, facilita la escritura, especialmente cuando el niño tiene dificultades para reproducirlas.

El _____ las rayitas de un modelo entrecortado disminuye las dificultades para reproducirlo.

unir

13.– También es importante que el niño pueda dibujar líneas pequeñas, ya que el tamaño de las letras es pequeño.

El tamaño de las líneas que se le piden debe ser cada vez más _____ , a medida que es más hábil.

pequeño

14.– Otro ejercicio importante que facilita la escritura es el dibujo de círculos y semicírculos. Es importante que al comienzo sean grandes y a medida que el niño tiene éxito, se vaya disminuyendo el tamaño.

En los ejercicios de escritura al comienzo es conveniente trabajar con figuras _____ para posteriormente hacerlas más pequeñas.

grandes

15.– Para facilitar la escritura, los círculos deben ser dibujados en sentido inverso a las manecillas del reloj.

Para ello es conveniente marcar con una flecha la dirección en la que el _____ debe ser dibujado.

círculo

16.– En los niños con problemas de aprendizaje, para que ellos comprendan las instrucciones, éstas deben ser expresadas claramente y acompañadas de bastantes ejemplos.

Cuando hay dificultad se aconseja, primero, hacer el movimiento en el aire siguiendo la dirección de izquierda a derecha, a modo de _____ ; y después dibujar el círculo en el papel.

ejemplo

17.– Hay diversos juegos que contribuyen a desarrollar la habilidad manual, tales como hacer collares, recortar, pintar, porque dan flexibilidad a los movimientos de las manos.

Trabajar con masa o plastilina, ayuda a que los niños tengan mayor flexibilidad en las _____ .

manos

18.– Otro aspecto importante de la coordinación visomotora es la habilidad para manejar libros y cuadernos. Deben aprender a dar vuelta a las páginas y a mirarlas en orden.

Mirar libros y dar _____ a las páginas es un ejercicio útil que ayudará al niño en el aprendizaje de la lectura.

vuelta

19.– Además de dar vuelta con suavidad, el niño debe dar vuelta a las páginas sin saltarse ninguna y de adelante hacia atrás.

Hojear página por página las revistas, y de adelante hacia _____ , ayuda a manejar bien los libros.

atrás

20.– El niño debe ser enseñado a usar en orden las páginas en los cuadernos, una después de la otra, sin dejar espacio en blanco.

El no saltarse _____ ayuda a mantener ordenados los cuadernos.

páginas

Tercera Parte

Técnicas de
enseñanza de lectura

Para la enseñanza de la lectura inicial se han descrito en este manual diversas técnicas. Aquí se describen dos que se consideran esenciales para el aprendizaje de la lectura inicial. Ellas son: Vocabulario visual y Análisis fónico.

A continuación se dan indicaciones para realizar algunos ejercicios que sirven para desarrollar y enseñar "Vocabulario Visual" y "Análisis Fónico".

Vocabulario visual

1.– La lectura permite que las palabras impresas adquieran significado para el niño, asociándolas a los conceptos y objetos que representan.

Por eso, una manera de enseñar es que el niño asocie algunas palabras escritas con su _____, ligándolas al objeto concreto.

significado

2.– Se recomienda que el niño reconozca alrededor de 20 palabras impresas y las asocie con su significado aunque no conozca las letras que las componen.

El _____ de algunas palabras es fundamental, antes de empezar a leer.

reconocimiento

3.– Para que el niño pueda darle significado a las palabras impresas, debe saber lo que significan cuando las oye.

Es necesario enseñarle lo que significan las palabras que lee, si el niño no las _____ .

sabe

conoce

4.– El vocabulario visual son las palabras que el niño reconoce en forma automática al verlas escritas, dándoles significado. Antes de saber las letras, por ejemplo, leer papá, aunque no conozca la "p".

Enseñar a reconocer algunas _____ al verlas escritas, facilitará la enseñanza de la lectura.

palabras

5.– El vocabulario visual debe estar compuesto por palabras fáciles y conocidas, de dos o tres sílabas máximo.

Las palabras muy largas o _____ complican la memorización.

difíciles

6.– Es aconsejable que las palabras que se enseñan sean de uso común y por consiguiente sean las que él encuentre en su silabario posteriormente.

Revisar el silabario que va a usar ayudará a hacer la lista de _____ más conveniente para ejercitar el vocabulario visual.

palabras

7.– Reconocer nombres, especialmente el propio, es fácil de aprender y es una forma de desarrollar un vocabulario visual al comienzo.

Posteriormente, se puede enseñar al niño a reconocer el _____ de algunos de sus amigos.

nombre

8.– El aprendizaje de los nombres de sus compañeros puede hacerse con pequeñas tarjetas de cartón.

El niño debe identificar a cuál de los niños pertenece cada _____.

tarjeta

9.– El mismo método de las tarjetas usado con los nombres, puede usarse con los objetos más comunes de la sala; por ejemplo, poner un cartel con la palabra "silla" sobre la silla.

Es conveniente colocar, por ejemplo, una tarjeta con la _____ ventana escrita en la ventana.

palabra

10.– Cuando el niño sabe varias palabras, éstas pueden unirse para formar frases cortas con significado.

Es útil que el niño construya _____ con las palabras aprendidas.

frases

11.– La sensación de que ya puede leer frases motivará al niño a interesarse por aprender palabras nuevas.

La construcción de frases aumenta en el niño el interés por _____.

12.– El formar palabras, uniendo las rayitas que componen las letras, como se ve en el modelo, ayuda a memorizarlas.

mamá mamá

Cualquier _____ puede escribirse en forma entrecortada, para que el niño junte los guiones.

papá

13.– Otra forma de ayudar al niño a retener las palabras es repasar con el dedo índice la palabra escrita.

El niño memorizará más rápido si _____ la palabra con el dedo índice.

14.– Después de repasar la palabra con el dedo, teniendo el modelo a la vista, el niño puede intentar copiar la palabra.

El _____ una o dos veces una palabra, ayuda a memorizarla.

copiar

Análisis fónico

1.— Para aprender a leer el niño debe asociar el sonido de la letra con su dibujo.

Es conveniente que el niño aprenda a reconocer el _____ de las letras y no su nombre.

sonido

2.— El niño debe aprender a distinguir los sonidos de las letras en las palabras, especialmente el sonido inicial.

Por ejemplo, debe reconocer si los _____ iniciales de las palabras "pasa" y "casa" son iguales o diferentes.

sonidos

3.— El primer paso es mostrar al niño la letra que se le quiere enseñar y decirle cómo suena. No es aconsejable decir el nombre de la letra.

Por ejemplo, al mostrar la "m" se debe decir el sonido "mm" y _____ eme.

no

135

4.– Otro ejercicio es hacer repasar al niño la letra con el dedo índice, diciendo el sonido paralelamente.

Así, al tiempo de repasar con el _____ la forma de la letra, el niño debe decir su sonido.

dedo

5.– La búsqueda de palabras que rimen también lo ayudará a adquirir los sonidos de las letras.

Por ejemplo, en rama, cama, el niño debe aprender que la rima la da la sílaba _____ .

ma

6.– La ejercitación y reconocimiento de las vocales es una de las tareas fundamentales para enseñar a leer.

Por ello, es conveniente realizar ejercicios de reconocimiento de las _____ antes de enseñar las consonantes.

vocales

7.– La combinación de una consonante primero y una vocal después se llama sílaba directa (pa–lo–fo) y habitualmente se enseña inmediatamente después de las vocales.

Cuando el niño conoce las vocales, se comienza con la enseñanza de la sílaba _____ .

directa

masa	seso	mesa
sisi	misa	suma
mimi	susi	momi
musa	sumo	mami

suma mesa

suma *mesa*

SUMA MESA

NOTA: Material tomado con autorización del editor del libro *"Dame la mano"*, de Alliende, F.; Condemarín, M.; Chadwick, M. Editorial Zig-Zag, 1977.

8.– Cada vez que el niño aprende una letra es conveniente hacer una tarjeta con la letra aprendida.

Tener _____ con las letras aprendidas facilita el aprendizaje.

tarjetas

9.– Las tarjetas deben ser grandes, por ejemplo (8 cm por 5 cm) y se deben dibujar con color para facilitar el aprendizaje.

Hacer las tarjetas grandes y de _____ facilita el aprendizaje.

color

10.– Es útil alentarlo a inventar palabras y escribirlas con las tarjetas, a partir de las letras que vaya aprendiendo.

Por ejemplo, entregar tarjetas con 2 letras p, y 6 vocales, le ayudará a _____ diferentes palabras.

formar

construir

escribir

11.– La primera tarea es lograr que el niño ligue el sonido de las letras "a–e–i–o–u" con el dibujo que las representa.

Una forma de lograrlo es mostrar al niño la _____ "a" y pedirle que diga "a".

letra

12.– Subrayar la letra que se está estudiando, en revistas, también ayuda a que el niño reconozca la forma de la letra.

Es necesario que el niño sea capaz de distinguir la letra que está aprendiendo de otras. _____ la letra que está aprendiendo en una página es un ejercicio muy útil.

Subrayar

13.– Dibujar la letra en el cuaderno y buscar o dibujar objetos que comienzan con ella, también ayuda a recordar la forma.

Hacer ejercicios de diferentes tipos ayudarán al niño a _____ la letra que está aprendiendo.

recordar

memorizar

14.- Recortar la letra y pegarla en su cuaderno, diciendo el sonido de ésta, ayuda a asociar el sonido de la letra con su forma.

La reproducción de la letra ayuda a su reconocimiento, pero debe cuidarse que el niño asocie el sonido de la letra con su _____ .

forma

15.- Dibujar la letra en su cuaderno, diciendo el sonido de la letra, ayuda a asociar o unir el sonido y la forma de la letra.

Decir el sonido, al tiempo que escribe, lo ayuda a _____ la forma de la letra con el sonido.

asociar

unir

16.- La enseñanza de las letras debe hacerse en forma muy lenta, una a una. No debe enseñarse una nueva letra hasta no estar seguro que el niño domina bien la letra anterior. Nunca debe enseñarse más de una letra nueva al día para evitar que las confunda.

Es preferible no enseñar más de una _____ al día.

letra

17.– Una manera entretenida para lograr el reconocimiento de las letras es pedirle que las escriba y que trate de imaginarse qué se sentirá ser una letra.

Por ejemplo, preguntarle cómo cree que se siente la O, permitirá que el niño recuerde posteriormente con _____ facilidad la letra.

más

mayor

18.– Asociar el sonido de la letra al movimiento hecho en el aire para dibujarla, ayuda a memorizar la letra.

Pedir al niño que dibuje la letra en el aire mientras dice el sonido, _____ el aprendizaje.

facilita

19.– Cuando se enseñan las letras hay que tratar que el niño las dibuje en la dirección correcta. Hacer un modelo con una flecha ayudará al niño a recordar la dirección.

Es conveniente hacer una _____ en el pizarrón para indicar la dirección de las letras.

flecha

20.– Como la enseñanza de las letras puede cansar a los niños, es conveniente trabajar en ellas por períodos cortos y hacer ejercicios como los descritos en la primera parte.

Después de un período de actividad de reconocimiento de las letras, es conveniente variar de actividad para evitar que el niño se _____ .

canse

fatigue

21.– El método para todas las letras es igual, pero es necesario ir muy lentamente, una a una. Normalmente es necesario trabajar cada letra tres o cuatro días como mínimo, al comienzo.

Es preferible ir_____ pero seguro, que muy rápido, sin que el niño realmente aprenda.

lento

22.– Cuando el niño ya conoce varias letras, pueden hacerse tarjetas que lleven escritas palabras que comiencen con las letras aprendidas, para hacer ejercicios con ellas.

Pedirle, por ejemplo, que agrupe las _____ fijándose en la letra con la que comienzan las palabras escritas en ellas.

tarjetas,

23.– Hay que tratar que el tipo de letra empleado sea el mismo que el niño usa en el colegio.

Así, si en el colegio usa la letra de imprenta, los ejercicios deberán ser hechos con letras de _____ .

imprenta

24.– También se pueden utilizar ejercicios en los que el niño subraye las palabras que terminan con la misma letra.

Por ejemplo, en "papá, mapa, pelo", el niño debería haber marcado todas menos _____ .

pelo

25.– Estos ejercicios pueden hacerse primero en el pizarrón con letra grande, estimulando al niño a que lea las palabras y encuentre las respuestas correctas.

Cuando el niño haya respondido en el _____ , hágalo realizar el ejercicio en el cuaderno.

pizarrón

26.– El orden de enseñanza de las letras debe ser el que aparece en el libro de lectura que el niño usa en el colegio.

No es _____ alterar el orden propuesto por el profesor.

conveniente

bueno

27.– Si las letras enseñadas en el colegio son muchas, no se preocupe, no lo apure; hay que respetar el ritmo del niño y enseñarle las letras una a una.

Si se le apura, al niño le será muy _____ aprender.

difícil

28.– Para que el niño reconozca el sonido de las letras, hay muchos ejercicios que consisten en reconocer el sonido de la primera letra.

Por ejemplo, leer una lista de 3 ó 4 palabras y pedir al niño que reconozca cuál de ellas comienza con la _____ que le están enseñando.

letra

29.– El niño deberá aprender a reconocer cuáles palabras comienzan con la misma letra.

Si se le está enseñando la f y se le dice farol — perro — foca — torre, deberá decir que _____ y _____ empiezan con f.

farol — foca

30.– Cuando el niño realiza los ejercicios debe ser alabado o premiado para estimularlo. Los otros niños también querrán hacerlo bien para ser premiados.

Los otros niños aprenderán que si ellos realizan el ejercicio bien, también serán _____ .

alabados

premiados

31.– Reconocer la palabra que comienza diferente en un conjunto de palabras, también ayuda a aprender las letras.

Si se le dice burro — bonito — silla — barco, él debería reconocer que la palabra que comienza con una letra diferente es _____ .

silla

32.– Para estos ejercicios pueden usarse las palabras aprendidas en el vocabulario visual, para que el niño lea con significado y comprenda los ejercicios.

Si el niño utiliza palabras que no tienen _____ para él, le resultará más difícil el ejercicio.

significado

33.– Antes de comenzar el estudio del sonido de las letras, el niño debe ser capaz de realizar los ejercicios de percepción visual, discriminación auditiva y de vocabulario visual.

Es conveniente que haya resuelto con éxito los _____ anteriores, para afrontar con éxito la enseñanza del sonido de las letras.

ejercicios

34.– Es conveniente combinar los ejercicios de reconocimiento de las letras con ejercicios del vocabulario visual, usando palabras que inicien con la letra que se está enseñando, para hacer más fácil y entretenida la tarea.

Estos ejercicios de _____ visual harán más entretenida la tarea y afirmarán el aprendizaje.

vocabulario

35.– No todos los niños del grupo progresan con la misma velocidad. Por ello, la enseñanza debe adecuarse al ritmo del niño.

No es conveniente exigir al niño que vaya más _____ de lo que su ritmo le permita.

rápido

36.– Cuando el niño sabe bien las letras y las sílabas, deben agregarse ejercicios de lectura de palabras para evitar que él tienda a leer en forma entrecortada.

Si se persiste mucho en ejercitar el sonido de las letras y no se combina con ejercicios de lectura de palabras, el niño tenderá a _____ en forma entrecortada.

leer

37.– Los ejercicios para enseñar el sonido de las letras son una etapa de lectura que debe ser superada apenas el niño logre automatizar el aprendizaje.

No es aconsejable continuar con los _____ de sonidos de una letra cuando el niño no domina bien el aprendizaje.

ejercicios

38.– Muchas veces, después de estos ejercicios, el niño es capaz de leer palabras cuyo significado desconoce y es necesario tratar de que las comprenda.

Es necesario enseñarle el _____ de las palabras que no entiende.

significado

39.– Colocar el sonido que falta en una palabra que se presenta incompleta, es otro tipo de ejercicio que se usa para ayudar a reconocer los sonidos.

Por ejemplo, en pi – a y – ala, deberá reconocer que la letra que corresponde al sonido que falta es la ____.

p

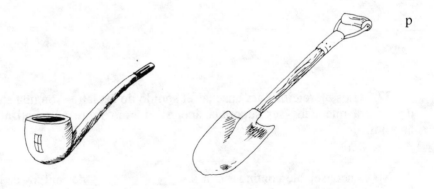

40.– Después de que el niño conoce la mayor parte de las combinaciones de las letras y vocales en forma directa (pa – lo – fo – to – mo, etc.) puede iniciarse la enseñanza de la sílaba indirecta (as –el); es decir, aquéllas en las que la consonante está después de la vocal.

La enseñanza de la sílaba _____ debe comenzarse cuando el niño sabe bien la directa.

indirecta

inversa

al - el - ol - ul
es - as - is
un - en - an - in

isla

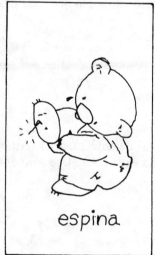

espina

alma isla espina
ulpo espesa asno

al - la el - le in - ni
alma - lama lomo - olmo
sano - asno ulpo - lupo

NOTA: Material tomado con autorización del editor del libro *"Dame la mano"*, de Alliende, F.; Condemarín, M.; Chadwick, M. Editorial Zig-Zag, 1977.

41.- Antes de terminar la clase es conveniente hacer un breve repaso de lo aprendido, para evitar que el niño lo olvide.

Si se hace un _____ al final de la sesión, probablemente el niño recordará mejor lo aprendido.

repaso

42.- Para evitar el olvido, antes de iniciar un nuevo aprendizaje es necesario realizar algunos ejercicios breves, para controlar que el niño domina lo que se le enseñó en la sesión anterior.

Un mecanismo para facilitar la memorización de lo aprendido, es realizar algunos ejercicios de lo que se le enseñó en las sesiones _____.

anteriores

Al final de este manual (Anexo I) encontrará una lista de palabras fáciles para cada letra. Use sólo entre 5 y 7 palabras por sesión.

Enseñando sílabas
complejas

1.– La primera etapa de la enseñanza de la lectura son las vocales; en la segunda se enseñan las sílabas compuestas de una vocal y una consonante (sa – le – me).

Las sílabas no pueden enseñarse antes de que el niño conozca por lo menos una consonante y las _____ .

vocales

2.– Las sílabas que tienen dos consonantes juntas, seguidas de una vocal (cr – tr –br), deben enseñarse después de las sílabas compuestas por una vocal y una consonante (ta).

Los sonidos br, bl y tr deben enseñarse después de ba – ca y ta, porque como son sílabas complejas, su aprendizaje es _____ difícil.

más

3.– Se deben utilizar palabras que comienzan con la combinación que se quiere enseñar. De este modo, la palabra plátano puede usarse para enseñar la combinación pl.

Por ejemplo, la palabra "tren" se puede usar para enseñar la combinación _____ .

tr

La palabra brazo para enseñar la combinación ____.

br

La palabra plato puede utilizarse para enseñar la combinación ____ .

pl

4.– Con la combinación cr se pueden formar tantas sílabas como vocales hay.

Por ejemplo, se pueden formar las sílabas cra – ____– cri - cro – ____.

cre — cru.

5.– Con la combinación pl se pueden formar 5 clases de sílabas.

Las sílabas pla – ple – _____ – _____ – plu se pueden formar con la combinación pl.

pli – plo

6.– Al igual que en la enseñanza de las letras, el repasar la sílaba con el dedo índice ayuda a la memorización.

La memorización será más fácil si el niño _____ la sílaba con el dedo índice.

repasa

Decir palabras que contengan un grupo consonántico al comienzo o en medio de la palabra. Pintar el cuadrado correspondiente a la palabra dicha.

br	tr	bl	dr
fl	cl	gr	pl
gl	pr	fr	cr

Encontrar palabras con cada uno de los grupos consonánticos al comienzo o en medio de la palabra. Pintar el cuadrado correspondiente a la palabra dicha.

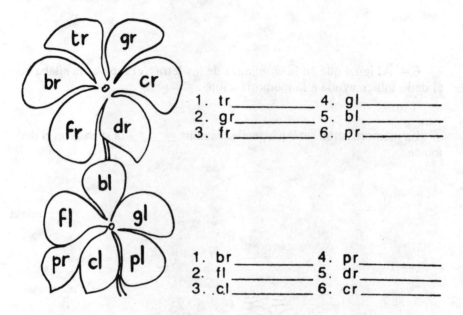

1. tr_____   4. gl_____
2. gr_____   5. bl_____
3. fr_____   6. pr_____

1. br_____   4. pr_____
2. fl_____   5. dr_____
3. .cl_____   6. cr_____

Leer las palabras. Agregar una l en las líneas. Escribir la nueva palabra y dibujarla. ¡Buscar ejemplos parecidos!

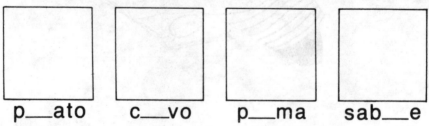

p__ato   c__vo   p__ma   sab__e

NOTA: Material tomado con autorización del editor del libro *"Dame la mano"*, de Alliende, F.; Condemarín, M.; Chadwick, M. Editorial Zig-Zag, 1977.

154

7.– Hacer un dibujo de las palabras escritas con sílabas complejas también ayuda a memorizar.

Dibujar una cruz al lado de la palabra cruz, ayuda a _____ la sílaba cr.

recordar

memorizar

8.– Como en esta etapa ya el niño sabe leer algunas palabras simples, puede formar frases utilizando una palabra que tenga una sílaba compleja para recordarla mejor.

Formar una frase con la palabra trigo ayudará a que el niño _____ mejor la sílaba tr.

recuerde

9.– Repasar con el índice las letras, diciendo el sonido de ellas, ayudará a unir la forma de estas letras con su sonido.

Decir "cr" mientras se pasa el _____ por la letra ayudará a memorizar esta combinación de letras.

dedo

índice

Enseñando a
formar palabras y frases

1.– Con las letras que conoce, es conveniente que el niño comience a formar rápidamente palabras utilizando las letras que ha aprendido.

Por ejemplo, si conoce las letras m, n y las cinco vocales, puede formar las _____ mamá, mano.

palabras

2.– Las palabras deben ser muy fáciles, de no más de dos sílabas. Al comienzo se recomienda usar sólo dos letras; por ejemplo, la m y la p.

Las palabras de _____ sílabas dificultan el aprendizaje inicial de la lectura.

muchas

3.– Con las tarjetas que tienen letras dibujadas se puede estimular al niño a formar diferentes palabras, cambiando la letra inicial.

Por ejemplo, al cambiar la primera letra p en la palabra papá, formará la palabra _____.

mapa

4.– Otra técnica comúnmente usada es dibujar el contorno a las palabras, como se indica en el modelo, para que el niño perciba las diferencias en la forma de las palabras.

l a p a   p a l o m a

El dibujar los bordes ayuda al niño a percibir mejor la forma de las _____.

palabras

5.– Una variación de esta técnica es darle la "casita" y la palabra en el pizarrón, pidiéndole que trate de meter la palabra en la "casita" fijándose en la forma.

p e l o

Con ello se ayuda a que el niño perciba la _____ de la palabra.

forma

6.– Así, el niño comienza a diferenciar que hay palabras más cortas y palabras más largas, y que hay letras altas (1, t) y letras bajas (p, q).

Cuando el niño logra introducir la letra en el lugar que le corresponde en la casita, ha aprendido a diferenciar la forma de las _____ .

letras

7.– Como este ejercicio es difícil y puede cansar a los niños, es conveniente trabajar con 2 ó 3 palabras por clase y después cambiar de ejercicio, para evitar que se aburra.

Si un niño parece cansado es mejor _____ de ejercicio.

cambiar

8.– Es útil que cada niño vaya formándose un juego de tarjetas con las palabras aprendidas, para jugar a formar frases.

En cada sesión, jugar con las _____ le ayudará al aprendizaje de las palabras.

tarjetas

9.– En su cuaderno el niño puede escribir las palabras aprendidas y al frente hacer un dibujo que las represente.

Por ejemplo, si el niño ha escrito la palabra pelota, debe _____ una pelota frente a ella.

dibujar

10.– Cuando el niño ha escrito una frase en su cuaderno, puede dibujarla y leerla varias veces para automatizar la lectura.

Leer una frase varias veces le ayudará a _____ la lectura.

automatizar

11.– Después de cada sesión, cada niño debería tener una hoja con palabras y frases dibujadas por él para ir formando su propio libro.

Las hojas escritas y _____ por él servirán para formar su propio libro.

dibujadas

12.- Las frases con las que el niño trabaja no deben ser más de 4 ó 5 palabras, para facilitar el aprendizaje.

Las frases de más de _____ palabras son muy difíciles de recordar para el niño.

cinco

Aunque este programa está destinado fundamentalmente a ayudar a los niños en el proceso de aprender a leer, se harán algunas indicaciones para facilitar el aprendizaje de la escritura.

Escritura

1.– La escritura en este programa está desarrollada como un medio para facilitar el aprendizaje de la lectura inicial, más que intentar que el niño aprenda a escribir.

Es más importante en la primera etapa que el niño sea capaz de reconocer las letras a que sepa _____ correctamente.

escribirlas

2.– El escribir las palabras es una poderosa ayuda para fijar y mantener el aprendizaje de las letras y de las palabras. No se debe, al comienzo, pretender que el niño haga las letras hermosas, sino que sean reconocibles.

Más importante que una linda caligrafía es que las _____ sean reconocibles.

letras

3.– Cada letra tiene movimientos básicos establecidos que facilitan la escritura con el menor número de movimientos posibles.

El aprender los movimientos básicos hace que la _____ sea más fácil para el niño.

escritura

4.– En hojas de papel en blanco el niño puede ir colocando las palabras aprendidas, con un recorte o dibujo, de modo que vaya uniendo las palabras con su significado.

Colocar frente a cada palabra un _____ facilita el reconocimiento de la palabra.

dibujo

5.– Al comienzo es conveniente que cada página contenga palabras de pocas letras, para no complicar el aprendizaje.

Utilizar muchas letras en cada página dificulta el _____ .

aprendizaje

6.– Posteriormente, puede empezar a utilizar frases cortas, las que también deberían estar ilustradas.

Estas _____ ilustradas puede inventarlas el niño utilizando las palabras que conoce.

frases

7.– Es importante enseñarle al niño la dirección correcta en la que debe ejecutar las letras (Ver páginas 145 y 146, como un modo de ahorrar tiempo y mejorar la caligrafía).

Al enseñar a escribir las letras debe tomarse en cuenta la _____ de las mismas.

dirección

8.– Hay dos tipos de letras: de imprenta y cursiva. El tipo que Ud. utilice para enseñar al niño, debe corresponder al utilizado por el profesor en el colegio.

Si el niño aprende con letra de imprenta, los ejercicios deben ser hechos con letra de _____ .

imprenta

9.– Debe evitarse la crítica cuando el niño no logra hacer correctamente las letras, para que no pierda la motivación por el estudio.

Si Ud. percibe que no logra hacer los movimientos, repita lentamente las instrucciones y no lo _____ .

critique

10.– Repasar la letra con el dedo índice en la forma correcta, antes de escribirla, contribuye a facilitar el aprendizaje de la dirección de la letra.

_____ con el dedo índice la letra, facilita el aprendizaje de los movimientos que deben realizarse para dibujar la letra.

Repasar

A continuación hay dos hojas con la dirección de las letras. Estas hojas son para que Ud. conozca la dirección correcta de la letra. *No son para el uso del niño*, y no es necesario memorizarlas.

Cada vez que enseñe una letra, revísela para ver la dirección y el orden en que debe ser dibujada. Ud. debe enseñar la dirección de las letras a medida que el niño las vaya aprendiendo.

Modelos para la enseñanza de la dirección en las letras de imprenta.

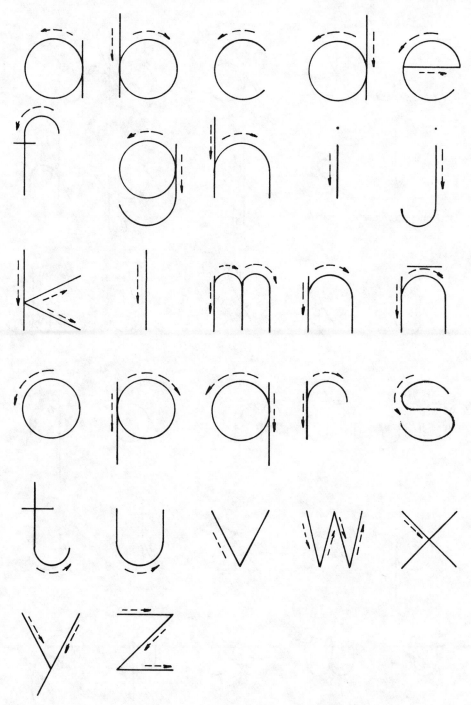

Modelo para la enseñanza de la dirección en la letra cursiva.

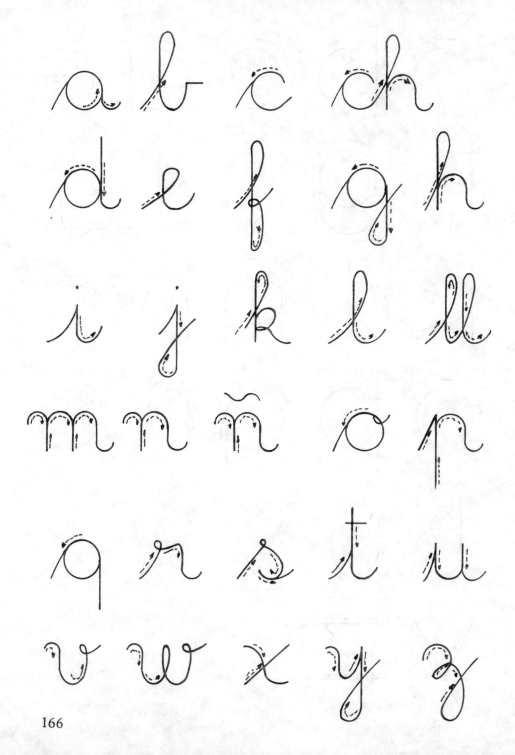

Anexo I

Lista de palabras figurativas por orden alfabético que pueden utilizarse para la enseñanza de las letras

Palabras sugeridas para enseñar las letras

Lista de palabras figurativas por orden alfabético que pueden utilizarse para la enseñanza de las letras.

El orden en que las letras son enseñadas debe tratar de coincidir con el orden presentado por el silabario. Si esto no fuera posible, porque el silabario usa muchas letras al mismo tiempo, sugerimos el orden siguiente:

1) a – e – i – o – u

2) p – m – l – d – t – n – f

3) b – s – g – c – r – v – z

4) j – ñ – q – y – ll

5) k – w – h – x – ch

6) dr – bl – br – ch – cr – gl – gr – fr – fl

Las letras deben enseñarse usando en lo posible palabras simples, que se puedan representar fácilmente, y que de preferencia se inicien con la letra que se quiere enseñar. Elija palabras que utilicen las letras aprendidas. Recuerde no utilizar más de 5 palabras por sesión. Trate que por lo menos 3 de ellas sean posibles de dibujar, para que en una hoja en blanco el niño escriba la palabra y la dibuje al lado. En las 5 primeras letras que enseñe use palabras de una o dos sílabas. Por ello se recomienda empezar con las letras p – m y l, que son con las que se pueden formar más palabras.

Palabras sugeridas
para enseñar las letras

a

auto	ala	amo	araña
asado	arma	anillo	
apio	ajo		

e

elefante	estampilla	esquimal	estufa
estrella	enano	escuela	
espejo			

i

| isla | Ignacio | indios | iglesia |

o

| ola | oso | oreja | osa |
| oveja | ojo | | |

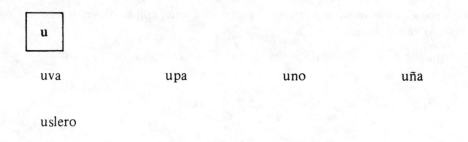

u

uva   upa   uno   uña

uslero

Como con las vocales hay pocas palabras que se pueden representar, sean cortas y empiecen con ellas, fíjese sólo que el niño reconozca la letra inicial y su sonido. No se preocupe si no aprende el resto de la palabra.

b

boca   bote   bota   bala

buque   boleto   botella

botón   beso

c
   ca — co — cu

Se debe enseñar que la c suena de 2 maneras: fuerte, con a – o – u, y suave cuando va con las letras e – i.

capa	café	casa	cuna
comida	cama	coco	cola

ce – ci

cerro	cena	cero	cera
cine	cielo	cinco	ciego

d

dado	dedo	dedal	disco
dos	diez	delantal	

f

foca	foto	forro	fuma
foco	flor	farol	fuego
fantasma	fideos		

g

ga – go – gu

174

Enseñar que la g suena de 2 maneras: fuerte, cuando va acompañada con a – o – u, y suave, con e – i.

goma	gato	gorro	gusano
galletas	gallo	gata	gotas
gol	guerrero		

ge – gi

gigante	género	gelatina	gemelos
girasol			

h

hilo	hijo	hoja	hada
hiena	humo	haba	hueso
hoy	hormiga		

j

José	jirafa	jarro	jarrón
jamón	jaula	jabón	ajo

k			

kilo	kimono	karate	kiosco
kaki			

l			

lima	lana	leer	lila
luna	lata	loco	loma
leo	lobo	lupa	

ll			

llave	llavero	gallo	botella
caballo	silla	calle	

m			

mesa	mamá	mano	masa
mono	mona	moto	muñeca
mula	mar		

n			

nido	nube	nena	niña
no	nuez	naranja	mono
mano			

ñ			

niña	caña	piña	uña
viña	cabaña	baño	

p			

pipa	puma	polo	pila
pato	papa	parra	peso
piso	pasa	pera	pesa
pito	pepe	pan	

q			

queso	quinque	quitasol	máquina
paquete	quinta	yunque	

r

En la r hay que enseñar que suena fuerte como en ratón al principio
y suave cuando va al medio, como en cara.

rana	rata	remo	roca
ramo	rosa	ropa	ruca
rey	reja	río	rojo
radio			

s

sapo	saco	señal	sopa
sal	sano	silla	suelo
seco	sol	santo	sabio

t

tapa	té	topo	tío
toca	tonto	teja	tomate
tela	tijera	torta	

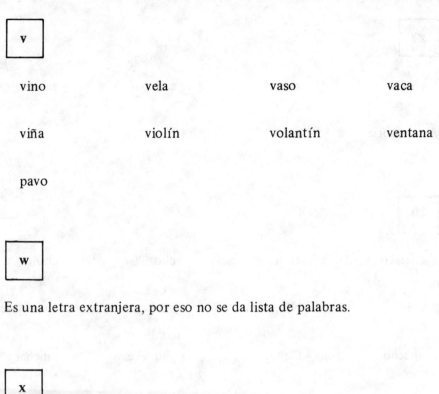

v

vino	vela	vaso	vaca
viña	violín	volantín	ventana
pavo			

w

Es una letra extranjera, por eso no se da lista de palabras.

x

| taxi | Félix |

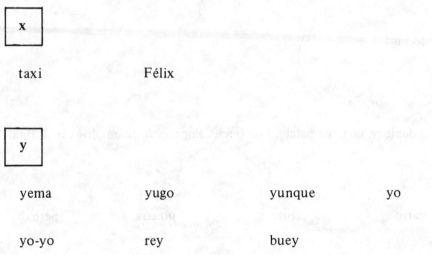

y

| yema | yugo | yunque | yo |
| yo-yo | rey | buey | |

Hay que enseñar que tiene doble sonido: yema y rey.

z

| zorro | zorzal | zancos | zapato |

| zanahoria | taza |

ch

| chaleco | choclo | choza | chino |

| chico | chimenea | chancho | chocolate |

| chucho | Chile | chupete | pinchar |

| leche |

La doble rr, no tiene palabras de inicio. Por eso, los ejemplos van al final.

| carro | zorro | pizarra | perro |

| torre | gorro | forro | carreta |

| parra | correa | carretilla |

Palabras sugeridas para la enseñanza de combinaciones de letras.

bl

| blusa | sable | mueble | cable |
| tabla | | | |

br

| brazo | bruja | brocha | sobre |
| sombrero | cobre | libro | |

ch

| chocolate | Chile | choque | chino |

cl

| clavo | clóset | ancla | choclo |
| clavel | | | |

cr			
cruz	crespo	crema	cristal

dr			
dragón	cuadro	madre	Andrés
padre			

gl			
globo	Gloria	iglesia	regla

gr			
grano	gruta	grúa	grifo
bisagra	tigre	agrio	

tr			
trapo	tren	trompa	tronco
cuatro	tres	trigo	

fr			
fresa	frutilla	frazada	fruta
frasco	frutero	flor	

fl			
flor	flauta	florero	flaco
flecha	flores	picaflor	

pr			
profesora	prima	preso	pregunta
prado	primavera		

pl			
plato	plátano	plumero	plancha
pluma	planta	plata	

Anexo II

Modelo para la enseñanza de la escritura de las letras

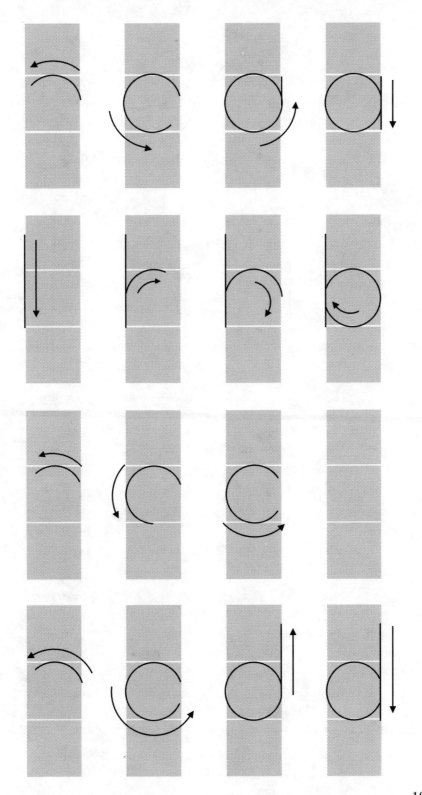

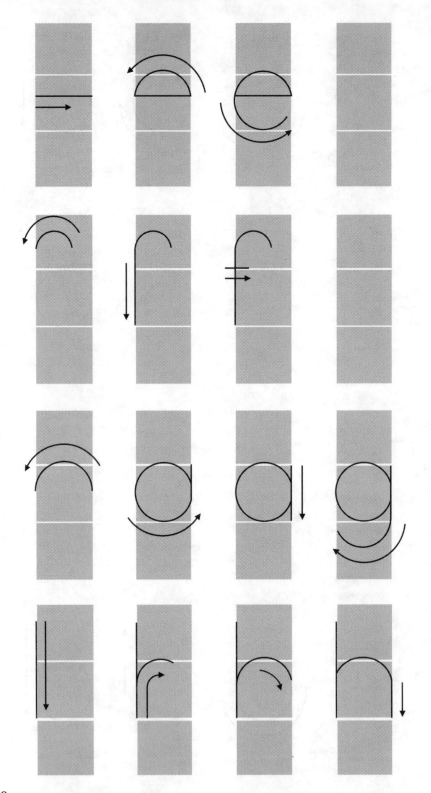

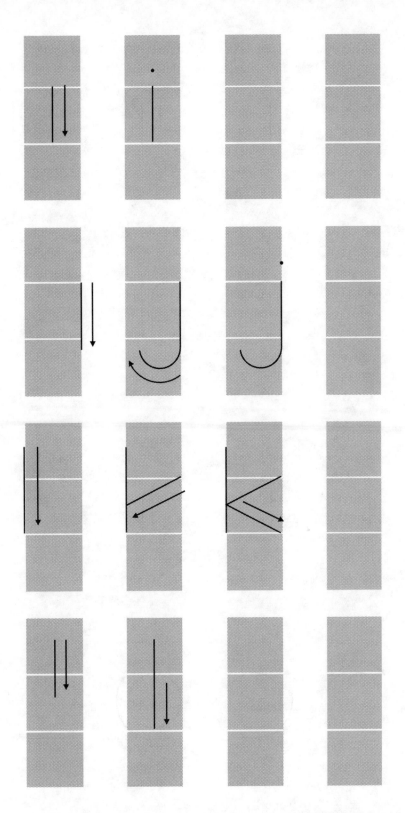

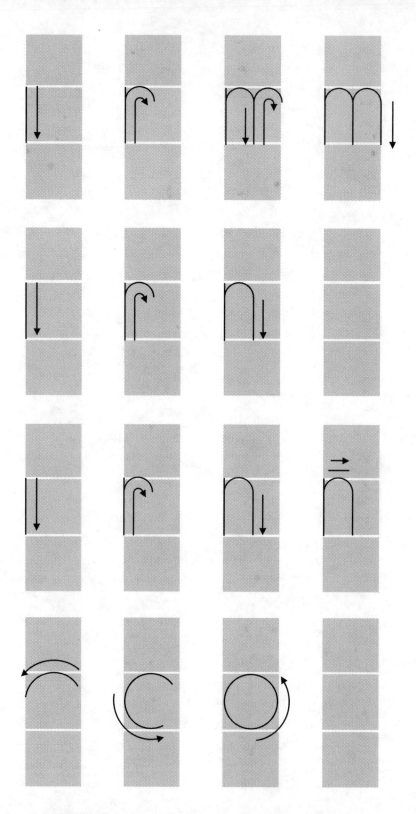

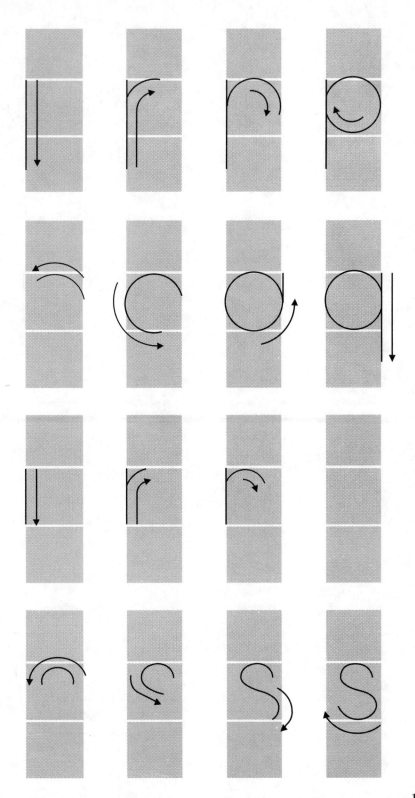

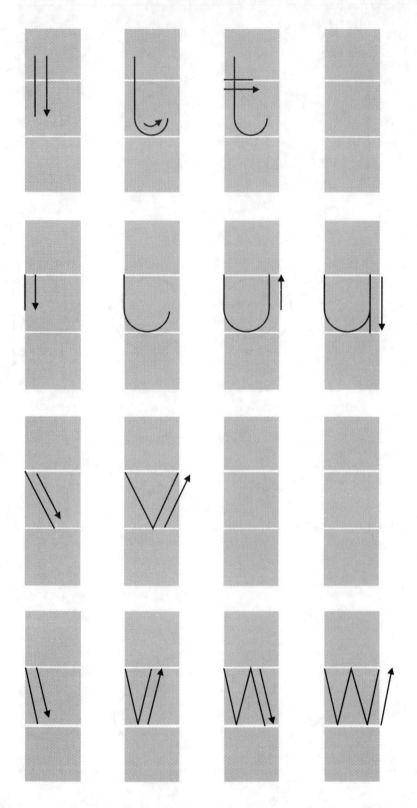

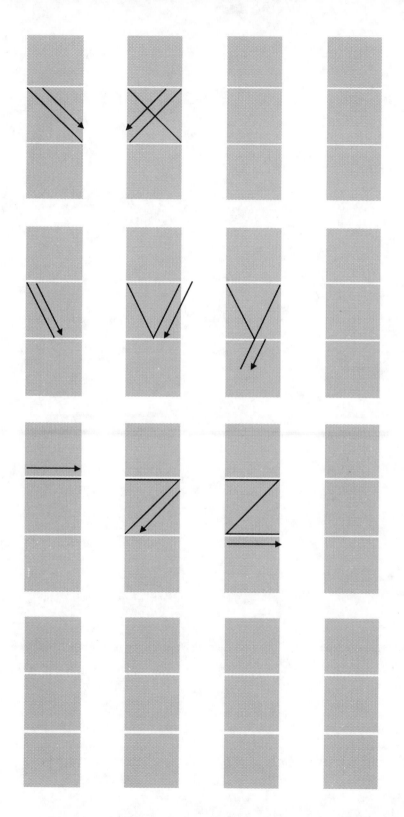

Bibliografía

ALLIENDE, F.; CONDEMARÍN, M. y MILICIC, N.: *Prueba CLP. "Manual para la aplicación de la prueba de comprensión lectora de complejidad lingüística progresiva".* Ediciones U. Católica de Chile, Santiago-Chile, 1987.

ALLIENDE, F.; CONDEMARÍN, M.: *"La lectura: teoría, evaluación y desarrollo".* Editorial A. Bello, Santiago-Chile, 1993.

ARON, A.M. y MILICIC, N.: *"Vivir con otros": "Manual para el desarrollo de habilidades sociales".* Ed. Universitaria, Santiago-Chile, 1993.

AJURIAGUERRA, J.; AUZIAS, M.; COYMES, K.; DENNER, A.; LAVANDES, V.; STAMBACK, M.: *"La escritura en el niño".* Ed. Laia, Barcelona, 1973.

ALLIENDE, F.; CONDEMARÍN, M.; CHADWICK, M. y MILICIC, N.: *"Fichas de comprensión de la lectura".* Editorial A. Bello, 1988.

ALLIENDE, F.; CONDEMARÍN, M. y MILICIC, N.: *"Manual de la prueba de comprensión lectora de complejidad lingüística progresiva".* Ediciones Universidad Católica, 1982, Santiago-Chile.

AZCOAGA, J. E.: *"El aprendizaje fisiológico y aprendizaje pedagógico".* Editorial Ateneo, Bs. Aires, 1979.

ANTONIJEVIC, N.; ESPÍNOLA, N.; MILICIC, N. y SCHMIDT, S.: *"Hola i, hola o".* Apresto para la escritura. Editorial Zig-Zag, Santiago-Chile, 1982.

ASTABURUAGA, I.; MILICIC, N.; SCHMIDT, S. y URETA, M. E.: *"Sentadito en un rincón".* Apresto para la lectura, Editorial Galdoc, 1981.

BERDICEWSKI, O. y MILICIC, N.: *"Prueba de funciones básicas para predecir rendimiento en lectura y escritura".* Editorial Galdoc, Bs. Aires, 1979.

BRAVO, L.: *"Teoría de las dislexias".* Editorial Universitaria, Santiago-Chile, 1981.

BROOKS, S.; GOODMAN, K. and MEREDITH, R.: *"Language and thinking in the elementary school".* Holt Rinehart and Winston, New York, 1970.

CONDEMARÍN, M.: *"Algunas recomendaciones frente a la enseñanza de la lectura inicial en América Latina en lectura y vida"* . Año 1, No. 1, marzo, 1980.

CONDEMARÍN, M. *et al.: "Teoría y técnicas para la comprensión del lenguaje escrito".* UNICEF. Ediciones Universidad Católica. Santiago-Chile, 1982.

CONDEMARÍN, M.; CHADWICK, M. y MILICIC, N.: *"Madurez escolar".* Editorial Jurídica. Santiago de Chile, 1978.

CONDEMARÍN, M. y MILICIC, N.: *"Mi super libro".* Editorial Galdoc, Santiago-Chile, 1993.

CHAZAN, M.; LAING, A. y JACKSON, S.: *"Just before school".* School Council Basil. Blackwell-Oxford, 1971.

DE VOGE, C.: *"El enfoque conductual en la Ret con niños"*, en *"Manual de psicoterapia racional emotiva"*. Editorial Desclée de Brouwer, Bilbao, 1981.

GAZMURI, V.; MILICIC, N. y SCHMIDT, S.: *"Prevalencia de retardo mental y trastornos de aprendizaje en una muestra de 918 escolares"*. Revista Chilena de Psicología, Vol. 1, 1978.

GUERRA, H.; McCLUSKEY, B.: *"Cómo estudiar hoy"*. Editorial Trillas, México, 1980.

HAVELOCK, R. y HAVELOCK, M.: *"Training for change agents"*. Institute for Social Research, Michigan, 1973.

HINGUE, F.: *"La enseñanza programada"*. Editorial Kapeluz, Buenos Aires, 1969.

JUNGBERG, FOX.: *"El establecimiento de hábitos de estudio eficiente"*. En control de la conducta humana. Stachnick, J. y Mabry, J. Ed. Trillas, 1973.

KRUMBOLTZ, J.; KRUMBOLTZ, H.: *"Cómo cambiar la conducta del niño"*. Editorial Guadalupe, Bs. Aires, 1976.

LANGER, and SMITH-BURKE, M. T.: *"Reader meets author or bridging the gap"*. International Reading Association, 1982.

LÓPEZ DE LERIDA, P. y MILICIC, N.: *"Técnicas operantes aplicadas a los trastornos del aprendizaje"*. Revista Chilena de Psiquiatría, Vol. 45, 1974.

MEYER, L.: *"The effects of word analysis and works supply correction during word-attack training"*. Reading Research Quarterly, Vol. XVII, No. 4, International Reading Association, 1982.

MILICIC, N.; ASTABURUAGA, I.; SCHMIDT, S. y PEREIRA, L.: *"Pin Pin Serafín"*. Texto de estimulación de funciones básicas. Editorial Andrés Bello, 1981, Santiago-Chile.

MILICIC, N. y SCHMIDT, S.: *"Conversando con los números"*. Editorial Galdoc, Santiago-Chile, 1981.

MILICIC, N. y SCHMIDT, S.: *"Pin Pin saca cuentas"*. Texto de precálculo. Editorial Andrés Bello, Santiago-Chile, 1980.

MILICIC, N.: *"Abriendo ventanas"*. Texto de estimulación para el desarrollo afectivo. Ed. Universitaria, Santiago-Chile, 1991.

MILICIC, N.: *"Mejor lo hago hoy"*. Ed. Galdoc, Santiago-Chile (1989).

MILICIC, N.: *"Rodrigo tiene miedo al colegio"*. Editorial Galdoc, 1987.

MORRIS, R.: *"Success and failure in learning to read"*. Penguin Books, Middlesex, England, 1973.

NICHOLSON, T.: *"Why we need to talk to parents about reading"*. The Reading Teacher, 1980, Vol. 24, No. 1, pp. 19-21.

O'NEIL, H. F.; SPIELBERG: *"Cognitive and affective learning strategies"*. Ed. Academic Press, New York, San Francisco, London, 1979.

PIAGET, J.; INHELDER, B.: *"Psicología del niño"*. Ediciones Morata, Madrid, España, 1978.

QUIRÓS, J. B. de.: *"El lenguaje lecto-escrito y sus problemas"*. Editorial Médica Panamericana, Buenos Aires, 1975.

RAIN, J.: *"Who learns when parents teach children"*. The Reading Teacher, 1980, Vol. 34, No. 24, pp. 15-51.

SMITH, F.: *"Understanding reading. A psychological approach to reading"*. New York , Holt, Rinehart and Winston, 1971.

SPACHE, O.; SPACHE, B.: *"Reading in the elementary school"*. Boston Allyn and Bacon, Inc., 1970.

VAYER, P.: *"El niño frente al mundo"*. Editorial Científica Médica, Barcelona, 1973.

VELLUTINO, F. R.: *"Deficiencias verbales y alteraciones en la lectura"*, en *"El niño con dificultades para aprender"*. Editorial Galdoc, 1980.

ZENKER, R. W. y FREY, Z. D.: *"Relaxation helps less capable students"*. Journal of Reading, Vol. 28, 4. 1985, pp. 342-44.

E43/E3/R1/01

Esta edición se terminó de imprimir en junio de 2001. Publicada por ALFAOMEGA GRUPO EDITOR, S.A. de C.V. Apartado Postal 73-267, 03311, México, D.F. La impresión y encuadernación se realizaron en ENCUADERNACION TECNICA EDITORIAL, S.A., Calz. San Lorenzo 279-45, Col. Granjas Estrella, 09880, México, D.F.